KB189787

어른의 기분 관리법
: 심리학편

어른의
기분
관리법
:심리학편

손힘찬·박용남 지음

ascending

감정의 파도에
휩쓸리지 않는 법

우주에 관한 인간의 호기심에 의해 발전해 온 천문학은 역사상 가장 오래된 학문이다. 고대 프톨레마이오스(Claudius Ptolemaeus)의 지구 중심의 우주관(천동설, 天動說)은 코페르니쿠스(Nicolaus Copernicus)가 태양 중심설(지동설, 地動說)을 주장하면서 큰 변혁을 겪었다. 이후 갈릴레오 갈릴레이(Galileo Galilei), 요하네스 케플러(Johannes Kepler), 아이작 뉴턴(Isaac Newton)으로 이어지면서 천문학은 비약적인 발전을 이루었다.

그런데 우리가 주목할 인물은 바로 '튀코 브라헤(Tycho Brahe)'이다. 16세기 덴마크의 천문학자인 브라헤는 망

원경이 발견되기 이전까지 가장 뛰어난 천체관측가였다. 그는 지구의 공전궤도가 정확한 원 모양이 아님을 밝혔으며, 초신성과 혜성을 관찰하는 등 많은 업적을 남겼다.

브라헤는 밤하늘을 꼼꼼히 관찰하며 별의 생성과 소멸을 상세히 기록함으로써 '하늘은 절대 변하지 않는다'란 고대 관념을 완전히 뒤집었다. 이는 당시 우주관에서는 아무도 생각할 수 없었던 매우 충격적인 사건이었으며, 이를 통해 현대 천문학의 토대가 마련되었다. 그의 정밀한 관측 기록이 있었기에 요하네스 케플러도 후속 연구를 이어갔으며, 행성 운동의 핵심 법칙(케플러 3법칙)을 밝혀낼 수 있었다.

오늘날 심리학 분야에서도 '브라헤 시대'를 맞이하고 있다. 심리학 역시 새로운 관점과 방향으로 나아가고 있는 것이다. 예전에는 매슬로(Abraham Maslow)의 욕구 5단계론이나 '감사하는 마음을 지녀라', '가족과 더 많은 시간을 보내라' 같은 전통적 조언만으로도 충분해 보였다. 하지만 실제 생활에서 그 효과가 언제나 확실히 드러나는 건 아니었다.

최근 몇 년간 신경과학, 응용통계학, 초소형 컴퓨터 등 과학 기술의 발전과 사회적 변화로 인해 심리학의 역할과 적용 범위도 빠르게 진화하고 있다. 지금의 심리학계는 '감(感)과 직관'에 의존하는 단계를 넘어 훨씬 정교한 '실증 데이터'를 기반으로 행복과 삶의 질을 연구하는 시대로 나아가고 있다.

마치 브라헤가 밤하늘을 관찰해 별의 변화를 직접 확인했던 것처럼 현대 심리학도 우리의 감정과 심리를 세밀하게 들여다보고 있는 것이다.

문제는 '감정은 너무나 복잡하고 때론 모순적'이라는 것이다.

우리는 일상 속 대화에서 화가 난다거나 서운하다고 말하지만, 그 감정의 근본적인 원인을 놓치는 일이 많다. 가령 만나기로 한 친구가 약속에 늦었을 때 느끼는 감정은 단순한 화가 아닌 '나를 존중하지 않았다'라는 생각에 치솟는 분노일 수 있다. 일이나 직장에서 받는 스트레스도 마찬가지다. 내가 스트레스로 고통받는 이유가 과도한 업무량 때문인지, 인정받지 못했다는 생각에 드는 자괴감 때문인지 구체적으로 들여다보아야 제대로 해결할 수 있다.

이렇듯 감정의 근본 원인을 모르면 막상 대화할 때 자신의 감정을 제대로 표현하지 못한다. 그러곤 "아, 그때 이렇게 말할걸!" 하고 뒤늦게 후회하는 일이 다반사다. 해결 방법을 찾으려고 포털 사이트를 검색하거나 SNS 알고리즘의 추천 영상을 보지만, 정작 '그 순간'에는 감정을 똑바로 잡아내기 쉽지 않다. 전문적으로 훈련된 사람조차 한순간에 자기 감정을 명확히 인지하고 전달하기 어렵다고 하니, 그만큼 감정이란 대상이 복잡하다는 방증이다.

고대로부터 전해진 별자리에 의구심을 품고 밤하늘을 관측하던 브라헤가 새로운 통찰을 얻었듯, 우리도 자신의 내면을 살피면서 감정을 세밀하게 인식할 필요가 있다. 우리 '마음의 세계'는 화가의 팔레트처럼 다양한 색을 품고 있다. 밝은색은 기쁨과 사랑을, 어두운색은 슬픔과 두려움을 드러낸다. 문제는 이 색들이 섞일 때 생겨나는 미묘한 감정들이다.

예를 들어 고흐(Vincent van Gogh)의 〈별이 빛나는 밤〉은 그가 정신병을 앓고 있을 때 그린 작품이다. 고흐는 강렬한 색채와 소용돌이치는 붓질로 내면의 갈등과 숭고함을 동시에 표현했다. 우리의 삶도 여러 겹의 감정이 중첩되어 새로운 색을 만들어낸다. 그렇기에 감정을 너무 단순화해서 '화난다', '기쁘다'로 구분하기보다는 더 깊숙이 들여다보고 표현하는 작업이 필요하다.

어른이 되어간다는 건 감정의 복잡성을 인정하고, 건강하게 관리하는 방법을 익히는 과정이다.

진정한 어른은 단순히 자기 감정을 억제하거나 피하는 것이 아니라 '왜 그런 기분이 드는지', '나에게 필요한 것은 무엇인지'를 찾아내고 언어화하는 능력을 갖춰야한다.

브라헤가 '영원히 변하지 않을 것'이라는 당시 사람들

의 통념과 달리 '별이 실제로 변화한다'는 사실을 증명해 냈듯, 우리의 감정도 "원래부터 이렇게 느끼는 게 당연해"라는 낡은 고정관념에 갇혀 있기보다, 좀 더 과학적이고 체계적인 시선으로 살펴봐야 할 때가 왔다.

오늘날 현대 심리학은 브라헤가 남긴 별의 데이터처럼 막대한 양의 감정 데이터를 분석하며 기존 관념을 바꾸고 있다. 예전에는 "감사하면 행복하다"는 정도로 말하던 부분을, 이제는 뇌 스캐닝 기술을 통해 우리가 어떻게 생각하고 감정을 처리하는지를 이해하게 함으로써 우리의 행동과 결정에 대한 심도 있는 통찰을 제공한다.

또한 뇌 활동 측정이나 장기적 통계 추적으로 훨씬 구체적으로 파악하고 있다. 이런 연구가 쌓이면, 우리는 그동안 몰랐던 '감정의 지도'를 훨씬 정교하게 그려낼 수 있을 것이다.

누구에게나 '감정의 파도'는 원하든 원하지 않든 늘 찾아오지만, 그 너울을 인지하고 표현하는 법을 배우는 순간, 폭풍우가 치더라도 침착하게 헤쳐 나갈 수 있다. 브라헤가 '하늘이 변하지 않는다'라는 믿음을 깨뜨렸듯,

우리도 "감정은 간단히 해결되지 않아"라는 고정관념에서 벗어나 새로운 시선으로 자신의 내면을 바라봐야 한다. 그 과정에서, 우리 각자가 발견해야 할 '새로운 별'이 반짝이고 있을지도 모른다.

자신의 솔직한 감정을 세련되게 표현할 수 있는 사람이 '진정한 어른'이다.

손힘찬

Contents

제1부

내 감정의 주인은 '나 자신'이다 _손힘찬

제1장 감정의 정체와 행복이라는 딜레마

제2장 세상과 연결되어라. 그 누구도 아닌 나를 위해서

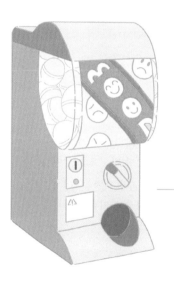

내 감정의 주인은 '나 자신'이다

· 손힘찬

감정의 주인은 '나 자신'이다.
다만 그 주인에게도 배움이 필요하다.
내 감정을 안다는 건, 나를 잘 안다는 것이다.

감정의 정체와
행복이라는 딜레마

기분과 감정의 정의

이 책을 펼친 여러분 중 '어른의 기분 관리법? 도대체 얼마나 대단한 방법이 담긴 걸까?' 의문을 품은 분도 있을 것이다. 그럴 만하다. 왜냐, 지금 한국을 비롯한 전 세계 사람들은 유튜브, 구글, 인스타그램을 통해 수많은 정보를 수집한다. 급기야 인공지능(AI)의 발달로 방대한 양의 데이터를 기반한 지식과 정보를 얻을 수 있기 때문에 웬만한 정보는 다 알고 있다고 가정할 수 있다.

물론 아무것도 모른다 해도 상관없다. 이 책에서 말하는 '기분 관리'란 종교인이나 수행자들이 하는 명상이나 영성(靈性) 수련과 아무 관련 없으며, 학술적인 내용을 도배하지도 않았으니 말이다. 중요한 건 내가 알고 있는 것들이 '정말 맞는가?'에 대한 문제다.

우리는 살아가면서 가끔 삶의 방향을 잃고 혼란에 빠져 지금까지 자신이 믿던 앎이나 신념이 흔들릴 때가 있다. 이는 고대 그리스인들 역시 마찬가지였는데 그들은 삶 속 혼란을 겪을 때마다 신전(神殿)을 찾아갔다. '너 자신을 알라(Know your self).' 대부분 아는 유명한 격언이다. 고대 그리스의 철학자 소크라테스(Socrates)가 한 말로 알려졌지만 사실 델포이(Delphoe) 아폴론 신전의 기둥에 새겨진 말이다.

우리가 주목할 점은 이 말의 의미다. 소크라테스는 이 말을 통해 '나는 내가 무지하다는 것을 안다'라는 중요한 철학적 명제를 도출했다. 진정으로 지혜로운 사람은 자신의 무지를 깨달은 사람이며, 반대로 무지한 사람은 자신이 다 알고 있다고 착각하는 사람이다.

그렇다면 이 책을 펼친 당신에게 묻겠다.
'정보의 홍수 속에서 과연 무엇을 선택해야 할까?'
우리는 하루에도 수십, 수백 개의 정보 속에서 살아

간다. 유튜브나 SNS, 각종 미디어에서는 '이걸 당장 하지 않으면 인생이 망한다', '저걸 하지 않으면 뒤처진다' 등 끊임없이 무언가를 강요한다. 이러한 자극적인 제목과 극단적인 메시지가 우리의 불안을 부추기고, 스스로 생각할 틈조차 빼앗아 간다.

소크라테스의 '나는 내가 무지하다는 것을 안다'란 말은 우리가 스스로 내면의 상태를 이해하는 과정과 통한다. 우리는 종종 자신의 기분과 감정이 왜 변하는지조차 모른 채 휩쓸린다. 하지만 감정을 통제하려면 먼저 '내가 지금 어떤 기분인지'부터 자각해야 한다.

그러나 현실의 삶에선 타인의 기준이 아닌 나의 기준으로 사고하고 선택하는 것은 쉽지 않으며, 오히려 더 어려워지고 있다. 그렇기에 나에게 진짜 필요한 것과 불필요한 것을 구별하는 힘을 길러야 한다. 정보에 끌려다니는 것이 아닌 정보를 다룰 줄 아는 사람이 되어야 한다.

괜찮다. 당신이 소크라테스처럼 현인(賢人)이 될 필요는 없다. 다만 당신의 기분과 감정을 스스로 인식하고 조절할 줄 아는 '기분 관리자'가 되길 바란다. **무지를 깨**

닫는 것이 지혜의 시작이듯, 감정을 알아차리는 것이 기분을 다스리는 첫걸음이다.

두 번째 질문을 하겠다.

'혼란스러운 정보 속에서 어떻게 해야 할까?'

우리는 날마다 '감정의 파도' 속에서 살아간다. 그날의 날씨나 사람들의 말 한마디, 사소한 사건들 등 전혀 예상치 못한 요소들에 의해 '기분'은 쉽게 변한다. 하루에도 수십 번씩 기분이 오락가락하지만, 기분 외에 '감정'도 존재한다.

그렇다면 기분과 감정은 같은 걸까? '기분이 태도가 되지 말자'라는 말은 익숙한데 '감정이 태도가 되지 말자'라고 하면 뭔가 어색하게 느껴진다. 쓰임새가 다르다면 뜻도 분명 다를 것이다. 이제 '감정'과 '기분'이 무엇인지부터 정확히 알아보자.

심리학자들은 감정과 기분을 명확하게 구분했다. **감정(Emotion)은 원인이 명확하고 강렬하지만 짧게 지속되는 것으로 인식한 반면, 기분(Mood)은 특정한 원인을 딱히 꼽을 수 없고 약하지만 오랜 기간 유지되는 상태다.**

예를 들어 감정은 정확한 원인이 존재한다. 분노나 기쁨의 감정이 마치 서프라이즈 이벤트처럼 명확하다. 그래서 표정에 감정이 드러나거나 행동으로 나타날 수 있다. 반면 기분은 '좋다/나쁘다'처럼 뚜렷한 원인 없이 오래 지속될 수 있다.

이해를 돕기 위해 좀 더 쉽게 설명하면 '기분'은 계절과 같다. 봄, 여름, 가을, 겨울 사계절이 시간의 흐름에 따라 자연스럽게 바뀌는 것처럼 우리의 기분도 하루하루, 혹은 몇 주, 몇 달 단위로 서서히 변화한다. 가령 특별한 이유 없이 계속 활력이 넘치는 시기가 있는가 하면, 아무 일도 없는데도 우울한 감정이 길게 이어질 때도 있다. 이는 계절이 그렇듯 기분도 일정한 패턴을 따라 흐르는 것이다.

'감정'은 날씨와 같다. 맑았다가도 갑자기 소나기가 내리고, 바람이 불다가도 어느새 해가 쨍하게 뜨는 것처럼 감정은 순간적으로 변한다. 이를테면 모처럼 캠핑하러 가기로 했는데 아침엔 맑았던 하늘이 갑자기 먹구름으로 뒤덮이며 폭우가 쏟아진다고 상상해 보자. 기대했던 만큼 실망도 커지고, 기분도 확 가라앉는다.

이처럼 기분은 비교적 장기적인 흐름에, 감정은 순간적인 변화에 가깝다.

또한 날씨가 계절의 영향을 받듯, 감정도 기분의 영향을 받는다. 만약 요즘 계속 우울한 기분이라면, 작은 일에도 예민하게 반응하고 부정적인 감정이 쉽게 올라올 것이다. 반대로 기분이 좋은 상태라면 비 오는 날에도 '그래, 운치 있네!'라며 긍정적으로 받아들일 수도 있다.

우리는 감정이라는 날씨를 매 순간 겪으며 살아가고, 그 감정들이 쌓여 기분이라는 계절을 만들어간다. 그런데 기분은 계절, 감정은 날씨와 같다고 했을 때 기분이 계속 흐린 상태라면? 당연히 감정도 흐리고, 기억도 선명하지 않다. 한동안 흐린 날이 계속되면 맑은 날이 와도 그 따스함을 온전히 느끼기 어렵듯이 말이다. 따라서 우울한 기분이 지속되면 감정의 변화에 쉽게 휘둘리고, 더 나아가 머릿속까지 안개가 낀 듯 흐려지는 것이다.

다시 소크라테스의 이야기로 돌아가 보자. 소크라테스는 '너 자신을 알라'라는 말에서 '나는 내가 무지하다는 것을 안다'란 말을 도출했다. 같은 원리로 우리는 자신의 감정과 기분을 관리하기 위해 '지금 나의 기분'을 자각해야 한다. 즉 단순한 자기 인식을 넘어 지속적인 성찰과 배움을 통해 더 나은 나, '진정한 어른'이 되어야 한다.

〈1장〉에서는 자신의 감정과 기분, 행동을 객관적으로 성찰하는 내용이 담겨있다. 이 책에 담긴 내용을 숙지하고 실행함으로써 '나는 누구인지, 나의 감정은 어떠한지, 나는 무엇을 원하는지'를 알 수 있을 것이다. 이것부터가 '기분 관리'의 시작이다.

감정은 정말로
'당연한' 걸까

인간의 '감정'을 다룬 〈인사이드 아웃(Inside Out)〉이란 영화가 있다. 모든 사람의 머릿속에는 감정을 제어하는 '감정 조종실'이 있는데 기쁨, 슬픔, 버럭(분노), 소심(두려움), 까칠함 등 서로 다른 감정들이 한 아이의 행동과 선택을 좌우하는 장면은 영화 내내 유쾌하면서도 묘한 긴장감을 준다.

이 영화는 '인사이드 아웃'이란 제목처럼 인간의 감정과 그 감정의 표출을 이해하기 쉽게 담아냈다. **'Inside(안)'**는 감정을, **'Out(밖)'**은 말이나 행동을 통해 드러나는 감정의 표출을 뜻한다.

〈인사이드 아웃〉에는 다양한 심리학적 요소들을 녹여냈는데 1편에서 감정들이 합심해서 아이의 어린 시절 '순수함'을 지켜냈다면, 2편(사춘기에 접어든 아이)에서는 기존 감정과 더불어 새롭게 끼어드는 '부정적 감정'들이 한층 더 깊은 고민거리를 던진다. 바로 따분, 부럽, 당황, 그리고 가장 두드러진 '불안'이다.

나 역시 이 영화를 처음 접했을 때, 어느새 '불안'을 '감정 조종실'의 주인으로 삼은 나 자신을 발견하고는 쓴웃음을 지었다. 어린 시절, 나는 하루 대부분을 호기심과 즐거움으로 채우려고 노력했다. 어디서든 친구를 쉽게 사귀었는데, 새벽까지 만화책을 들춰보면서도 다음 날에 대한 걱정은 별로 없었다.

그러다가 대략 초등학교 고학년 시절부터 '불안'이라는 손님이 예상보다 일찍 찾아왔다. 이 손님은 살갑게 구는 법 없이 수시로 내 등 뒤에서 '부정적인 감정'들을 증폭시켰다. 이 세상에서 사라지고 싶은 생각, 도망치고 싶은 생각… 생각해 보면 '불안'이란 감정이 들 때마다 다양한 감정이 증폭되었고, 결과적으로 나는 '회피'를 많이 해왔다.

그럼에도 '불안'은 우리에게 도움을, 즉 성장의 원동력이 되어주기도 한다.

내 인생에서 '불안'이라는 폭탄이 처음 터진 건 중학교 3학년 시절이었다. 앞서 말했듯 당시 난 별다른 걱정이 없었기에 열심히 공부할 이유가 없었고, 성적은 당연히 바닥이었다. 그때 '불안'이라는 감정을 느꼈다면 미리미리 대비를 잘해야 하는데 나는 그러지 못했다.

학교를 배경으로 한 청소년 드라마를 보면 주인공 학생은 힘겨운 환경 속에도 대부분 공부를 잘하고 바른 삶을 살았다. 그런데 난 드라마 속 설정에 살면서도 단 한번도 공감된 적이 없었다. 애초 의욕이 없었기에 학교가 끝나고 집에 오면 누워서 TV를 보며 시간을 보내거나 컴퓨터 게임을 하면서 현실을 애써 외면할 뿐이었다.

앞선 이야기에서 충분히 집작하겠지만, 나의 유년기는 불우했다. 어린 시절 이혼하신 부모님, 기초생활수급자 수준의 생활로 인해 학교에서 기본적인 교육을 받는 것 외에는 아무 기회가 없는 환경에서 살아왔다. '인생 시궁창'이라고까지는 말할 수 없어도, 나 스스로 정신 차리지 않으면 밥벌이 못 하는 어른이 된다는 건 예견된 미래였다.

나는 소위 '똥통' 고등학교라 불리는 곳에 진학하면서 일찍이 정신을 차린 케이스다.

'우리 집은 내가 해내지 않으면 정말 답이 없겠구나….'

이것이 내 '성장의 원동력'이 되었다. 어린 시절의 허울 좋은 말이 아니라, 말뜻 그대로 '생존'에 대한 문제였다. 당시 난 하고 싶은 일을 찾기 위해 도전하는 것도 아니었고, 행복한 인생을 살기 위한 고민도 아니었다. '돈이 없으면 차별당한다. 먹고 싶은 것도 못 먹고, 입고 싶은 것도 못 입는다.' 이런 최소한의 당연한 누림조차 보장이 안 되는 상황에서 새로운 사람과 관계를 맺을 때 용기와 자신감이 생길 리 없다.

이 모든 것이 뜻하는 건 무엇일까?

인생에서의 선택은 제한적이며, 내 인생을 변화시킬 수 있는 힘은 자신의 내면에 있다.

지금이야 이 사실을 알고 있지만 어린 시절엔 몰랐다.

그저 '집에 돈이 없고 가난하다'란 생각이 내 무의식을 지배하면서 '불안'의 감정은 나의 인생을 또래보다 일찍 경쟁 사회로 밀어붙였다. 나이가 어려도, 공부를 못해도, 가난해도 모든 사람은 '인격체'로서 존중받아야 한다. 하지만 사회는 냉정했고 나는 마치 절벽으로 내몰린 듯한 불안감에 절절매기도 했다. 가진 게 없으면 설령 자신의 인생이라 해도 선택지를 빼앗긴다는 사실을 어린 시절의 나도 알았던 것이다.

그런데도 불안감이 삶의 원동력의 첫 시발점이라니? 아이러니하지 않은가. 그 뒤의 살아온 내 인생은 꽤나 치열했다.

'이대로 살다가는 내가 해내고 싶은 미래가 전부 날아갈지도 몰라.'

이런 속삭임이 하루도 빠짐없이 머릿속을 떠나지 않았다. 내게 맞는 업(業)을 찾기 위한 도전, 그리고 그 일을 하면서 직접 사업을 시작하는 것까지 말이다.

문제는 목표를 달성하고 나서도 불안이 잠잠해지지 않는다는 사실이다. 매달 달성해야 하는 매출 수치, 이를 모니터링하기 위해 데이터 분석을 하는 루틴. 일이 끝나도 끝난 게 아닌, 또 다른 '걱정거리'를 찾아 헤매는 내 모습은 〈인사이드 아웃〉 속 '두려움' 캐릭터가 조종실을 장악한 장면과 다를 바 없었다.

그 시기에 나는 이렇게 생각했다.

'내가 더 일찍, 더욱 완벽하게 준비하지 않으면 미래가 무너질 수 있어.'

이렇듯 불안을 일종의 동력 삼아 버둥거리다 보니, 정작 내 앞에 있는 작고 소중한 즐거움을 곱씹을 기회는 점점 사라졌다.

혈기 왕성한 20대 초반의 젊은이들은 대부분 놀러 다니거나, 여러 경험을 쌓기 위해 다양한 활동을 한다. 굳이 '돈 걱정' 없이 말이다. 그런데 당시 나는 매달 내 통장에 찍히는 수치를 보며 좌절하고, 필요 이상의 압박 속에서 지냈다. 돌이켜 보면 어쩌다 한 번씩 만나는 친구들과 떠들썩하게 몰려다닌 밤거리나, 주말 오후에 느긋하게 공원을 산책하던 순간이 무척이나 값진 기억이다.

그러나 그때의 나는 '이런데 시간 쓰면 안 돼, 제대로 쉬면 죄책감이 드니까 안 돼'라고 스스로를 옭아맸다.

어느 정도였느냐, 술집에서도 술에 취하면 자기 계발을 위한 전자책을 꺼내서 볼 정도였다. 나의 '감정 조종실'을 장악한 '불안'이 다른 감정들에 "너희는 지금 나서지 마, 이건 내 일이야!"라고 호통치는 격이었으니, 기쁨이나 여유 따위가 들어설 자리가 있을 리 없었다.

불안을 동력으로 삼되, 삶 전체를 짓누르게 두지 말자. 그것이 '어른의 길'이다.

물론 나 역시 알고 있다. 유독 치열한 경쟁을 벌이는 한국 사회에서, 불안이 삶 전체를 짓누르지 않게끔 기분을 잘 관리하며 살아가기 쉽지 않다는 사실을. 우리가 어릴 적 보았던 '이상적인 어른'처럼 지내는 사람이 과연 몇이나 될까?

〈인사이드 아웃 2〉에서 사춘기에 접어든 아이가 마주한 감정 지형 역시 비슷하다. 이전에는 무심코 지나쳤던 따분함, 혐오감, 부끄러움, 불안, 우울감 등의 감정들이 한꺼번에 고개를 든다. 이는 어른이 된 지금 우리에게도 끊임없이 되풀이된다. 새로운 인간관계, 새로운 일자리,

새로운 도전…. 그때마다 우리는 '감정 조종실'에 초대된 낯선 감정들과 함께 살아가야 한다. 그 감정들은 제멋대로 날뛰기도 하고, 가만히 있던 평온을 한순간에 혼란으로 몰아넣기도 한다.

그러나 곰곰이 생각해 보면 '부정적 감정'이라고만 치부된 것들에도 저마다 역할이 있다. 불안은 미래를 준비하게 만들고, 분노는 부당한 상황에 맞설 용기를 주며, 슬픔은 잃어버린 것을 제대로 애도하도록 돕는다. 문제는 '특정 감정'이 우리 삶의 전부를 삼켜버리는 데서 생긴다.

내 경우에는 불안이 너무 커진 탓에 그 효과가 한계점을 넘어선 순간, 나머지 감정들이 맥을 못 추고 가라앉고 말았다. 결국 모든 감정은 '필요한 만큼만' 균형을 지켜야 나를 망가뜨리지 않는다.

불완전함도 나의 일부임을 인정할 때 '진정한 자유'가 열린다.

한 번은 뜻대로 되지 않는 프로젝트 때문에 몇 주간

식음을 전폐하듯 지낸 적이 있다. '이 정도로 몰두하지 않으면 내 커리어는 끝날 거야'라는 두려움에 사로잡힌 탓이었다. 당시 나는 뭐에 쫓기듯 매달렸으면서도, 정작 중요한 순간에 창의성도, 유연성도 크게 발휘하지 못했다. 그 일에 전력을 다했지만, 오히려 내 한계를 더 빠르게 드러낸 꼴이었다.

그렇게 우물 안에 갇혀 허우적대다 보니 다른 누군가의 손길이나 새로운 아이디어가 들어올 여유조차 허락하지 못했다. 그때 내가 배운 건 불안을 완전히 무시하거나 제압하는 대신, 어느 정도 내버려두고 "왜 이렇게까지 불안해할까?"하고 스스로에게 질문하는 태도가 훨씬 중요하다는 것이었다.

불안이 보내는 메시지는 간단하다.

'이 일에 대해 부족함을 느낀다. 그래서 더 준비하고 싶다.'

그 욕구 자체를 부정하진 말되, 그것에 나머지 모든 감정을 양보할 필요까지는 없다. 오히려 선을 긋고 나면 기쁨이 다시 조금씩 머리를 들고, 슬픔도 눈물을 통해 나를 위로해 주고, 분노마저도 필요한 때엔 추진력을 제공해 준다.

  〈인사이드 아웃 2〉의 결론도 아이가 복잡하고 미묘한 자신의 감정을 받아들이는 법을 배우고 성장하는 것으로 마무리된다. 이 영화가 우리에게 주는 메시지 중 하나는, 잊힌 줄 알았던 '부정적 기억과 감정'이 돌아와 비로소 '어른스러운 나'를 만든다는 점이다.

  어린 시절에는 꼭꼭 눌러 두었던 창피함, 무기력, 두려움이 사실은 나를 보호하기 위해 작동했음을 뒤늦게 알아채듯, 과거를 수용하는 행위는 곧 나 자신을 통합하는 과정이 된다. 덮어 둔 상처는 결코 저절로 사라지지 않고 더 진한 흉터를 만들며, 또 다른 순간에 모습을 드러낼 수 있기 때문이다.

  감정의 주인은 '나 자신'이다. 다만 그 주인에게도 배움이 필요하다.

  '어른이 된다는 것'은 감정의 무게를 단숨에 덜어내는 일이 아니라, 감정들과 '공존하는 기술'을 익히는 과정이다. 불안을 아예 몰아내려면 엄청난 에너지가 든다. 억지로 없애려 하면 그 저항감이 더 커질 수 있다. 차라리 "나는 지금 불안하다. 그 이유가 뭘까? 어디까지 준비하면 적당할까?" 묻는 편이 낫다.

그러면 이상하게도 불안이 조금 누그러지면서, 다른 감정들이 제 목소리를 낼 공간이 생긴다. 작은 기쁨이라도 반짝 얼굴을 내밀고, 슬픔이 눈물로 폭발하기 전에 적절히 흘러나오게 된다.

〈인사이드 아웃 2〉의 마지막 장면에는 한때 대립각을 세웠던 '기쁨'과 '슬픔'이 함께 '성장의 문'을 연다. 둘 중 하나의 감정만으론 '진정한 어른'으로 성장할 수 없다는 사실을 확인시켜 주는 순간이다. 이러한 원리를 '불안'에도 적용해 보자. 불안을 구박하듯 몰아내기보다 '메인 조종간'을 잡지 못하게 통제하면서 필요한 에너지를 얻어내는 것. 그 균형점을 찾는 과정 자체가 바로 '어른이 되어 간다'는 증거이다.

만약 당신이 긴 시간 동안 불안에 지배된 경험이 있다면, 지금 당장 해야 할 일은 하나다. 스스로 '왜 이렇게까지 내 마음이 흔들리는가?'를 탐구하는 것이다. 대개 그 답은 당신이 예전부터 잘 알고 있는 경우가 많다. 다만 인정하기 두려워서 피해 온 것이지, 알지 못하는 게 아니다. 여기에 약간의 '용기'와 자기돌봄을 더하면, 오래 묵은 불안을 새롭게 이해하는 문이 열릴 것이다.

그리고 그 틈새로 기쁨, 슬픔, 분노 등 다른 감정들이 들어와 유기적으로 움직이기 시작한다. 이 유기적 움직임이야말로 '감정이 나를 잡아먹는 것'이 아니라 '내가 감정을 다스리는 것'에 더 가까운 상태다.

결국 '불안'은 우리를 자극하는 동시에 한계를 시험하고, 더 넓은 가능성을 찾도록 도와준다.

그러나 불안이 모든 공간을 점령하도록 두면, 삶은 온통 두려움의 각본으로 채워지고 만다. 내 경험에 비추어 보아도 불안과 기쁨이 함께 자리할 때 비로소 자유로운 아이디어와 긍정적 에너지가 피어났다.

어쩌면 어른이 된다는 것은 '내가 이 모든 감정을 어떻게 안고 가야 하나?'를 스스로 답습하고, 시행착오를 거치는 과정 그 자체일 것이다. 불안이 메인 조종간을 잡지 않도록 가끔은 '감정 조종실' 문을 활짝 열어 두고 다양한 감정과 나란히 앉아 보는 연습을 해보자. 그러면 어느 날, 불안이 더 이상 무섭기만 한 적(敵)이 아니라, 나를 움직이게 하는 원동력이었음을 깨닫게 될지도 모른다.

행복을 좇는 방식이
어디서부터 어긋났을까

행복에 대한 잘못된 오해와 진실들

(1) 감정에는 '좋은 것'과 '나쁜 것'이 있다

우리는 흔히 이렇게 말한다. "난 행복을 좇고 있는 중이야, 지금은 이래도 언젠간 행복해지고 싶어." 그뿐만이 아니다. TV나 인터넷 광고 속에는 '언제나 웃음을 잃지 않는' 모습이 넘쳐나고, 소셜미디어에도 즐겁고 반짝이는 장면만 주목받는다. 그러다 보니 일상에서 불안과 분노, 슬픔 같은 감정이 고개를 들면, 마치 어딘가 잘못된 것처럼 느낀다.

많은 사람이 '어떻게 해야 늘 행복할 수 있을까?'를 고민해도 좀체 답이 나오지 않는 이유가 있다. 감정을 '행복하면 좋은 것', '불행하면 나쁜 것'이라는 이분법적 사고로 구분하면 정작 중요한 본질을 놓치기 쉽기 때문이다. 감정은 때때로 우리를 크게 흔들어놓지만, 그 자체가 잘못된 것은 아니다. 불안은 위험에 대비하도록 돕고, 분노는 부당함을 깨닫게 해주며, 슬픔은 상실이나 소중함을 곱씹는 계기를 마련한다.

문제는 우리가 감정을 지나치게 '편 가르기' 하여 기쁨이나 행복 같은 감정만 추구하고, 나머지는 전부 없애야 한다고 믿는 데 있다.

감정을 '좋은 것'과 '나쁜 것'으로 나누는 순간, 행복에 닿기 위한 길이 오히려 멀어진다.

행복을 뜻하는 영어 단어 'Happiness'의 어원은 'Happen'으로, '일어난다'라는 의미다. 따라서 우리가 좇는 행복은 늘 일어나는 것이 아니라, 뜻밖에 일어나는 좋은 일로 해석해야 한다. 게다가 행복이란 오직 즐겁고 밝은 감정만으로 유지되는 상태가 아니다. 오히려 다양한 감정이 공존하되, 그 흐름을 어느 정도 이해하고 받아들이는 과정에서 자연스럽게 행복이 싹튼다.

(2) 행복해지려면 바빠야 한다

대부분 직장인이나 학생들의 일상을 보면 바쁘게 돌아가는 삶을 '잘 살고 있는 증거'로 여길 때가 많다. 과도한 목표 설정으로 빼곡한 일정과 다짐들, 매일 자신을 몰아붙이는 루틴 등을 통해 '나는 이만큼 열심히 살고 있어'라고 느끼고 싶은 것이다. 물론 목표를 달성해 나가는 과정을 통해 얻는 성취감과 자기 계발도 중요하다.

하지만 이런 '과잉 바쁨'이 때로 진짜 감정을 숨기는 방패막이 되기도 한다는 점이 문제다. 기쁘거나 즐거운 감정은 물론, 외롭고 우울한 감정을 제대로 들여다보지 않으면 내면은 점차 메말라간다.

'나는 이렇게 열심히 달려가는데 왜 행복하지 않을까?'라고 스스로에게 반문한 적이 있다면, 그 질문 자체가 바로 '바쁨'과 '행복'의 간극을 보여주는 증거다.

행복은 내가 속도를 높인다고 해서 저절로 따라오는 손
님이 아니라, 내 감정을 들여다보고 돌볼 때 천천히 찾아오
는 동반자다.

(3) 나중을 위해 기울어진 관계도 감수해야 한다

하루하루 바쁘게 살다가도 어느 날 문득 불안이나 무
기력이 폭발하듯 밀려올 때가 있다. 그러면 우리는 '아
무것도 안 하고 싶다'라는 극단적인 탈출 욕구에 사로
잡힌다. 또는 스마트폰 게임이나 자극적인 음식, 한순간
기분을 띄워주는 물건에 과도하게 의존하기도 한다. 잠
시 즐거움을 얻을 수는 있지만, 이런 방식이 반복되면
감정은 더욱 불안정해진다.

감정적 갈등은 '잘못된 쉼'을 부르기 십상이다.

'진짜 쉼'은 감정을 없애는 것이 아니라, 시간을 들여
그 감정의 실체를 살펴보고 조금씩 소화하는 과정이다.
이를 시도하지 못하면 행복에 필요한 에너지가 고갈되
기 쉽기 때문에 감정의 흐름을 발견하는 '감정 경계'를

설정하는 것이 필요하다. 지금 내 감정이 어떻게 반응하는지를 무시한 채 싫고 힘들어도 마지못해 '그래, 알았어'를 반복하게 되면, 정작 중요한 나 자신을 돌보지 못하게 된다.

가령 '자꾸만 주변 사람에게 끌려다녀', '원하지 않는 약속을 거절하지 못해'라는 고민에 빠진 상황이 계속된다면, 작은 균열이 쌓여 언젠가 '감정의 댐'이 터져버리는 위험을 안고 있는 것이다. 그렇기에 내가 원하지 않는 일이라면 정중히 거절할 수 있어야 한다. 때로는 "미안하지만, 나는 지금 쉬어야겠어"라고 말할 수 있는 용기가 필요하다.

감정의 경계를 설정하는 것은 인간관계를 차갑게 만들려는 게 아니라, 감정의 자산(資産)을 지키는 일이다.

한쪽으로 기울어진 인간관계에서 '나'를 돌보는 일은 곧 행복과 직접적으로 맞닿아 있다.

자신의 감정적 여유가 무너진 상태에서는 타인과의 관계에서도 온전한 행복을 느끼기 어렵다. 이는 가족 관계에서도 마찬가지로, 특히 부모와 자녀 간 갈등이 대표적이다. 가령 부모가 자녀를 양육했다고 해서 자녀에게 "나에게 무조건 감사해야 해"라는 태도를 강요당한다면 감정의 골이 깊어진다. 아무리 가족 사이라도 서로의 솔직한 감정 표현이 막혀 있다면, 그 관계는 흔들릴 수밖에 없다.

다른 한편 자녀로서는 부모의 사랑과 헌신을 당연하게 여기기보다 때로는 작지만 감사함을 표현해 볼 필요가 있다. 물론 감사 표현을 의무로 느낀다면 불편할 것이다. 하지만 내 마음 깊이 숨어있던 진심을 담아 감사함을 표현하는 순간 '그 감정'은 서로를 행복하게 해주는 역할을 시작한다.

행복은 먼 곳에 있다고 생각하기 쉽지만, 가까운 관계에서 감정을 존중하고 어떻게 소통하느냐에 따라 가까운 곳에 있을 수 있다.

이렇듯 가족 안에서 '감정의 시선'을 바꾸면, 각자의 생각과 감정이 다를 수 있음을 이해하고 존중할 수 있다.

행복을 좇는 우리에게 필요한 것들

(1) 감정이 '행복의 열쇠'가 되는 순간

행복을 좇을 때 중요한 것은 불안, 슬픔, 분노 같은 부정적 감정을 없애야만 행복을 얻을 수 있다는 생각을 버려야 한다. 설령 내가 느끼는 감정이 불편하더라도 그 불편함은 나에게 '무엇이 중요한지, 무엇이 힘들었는지'를 알려주는 안내자 역할을 한다. 따라서 행복해지고 싶다면 내 감정을 치밀하게 살피고, 내면의 목소리를 무시하지 않아야 행복의 가능성이 열린다.

많은 사람이 "나는 왜 행복하지 않을까?"라고 묻지만, 돌아오는 답변은 "아직도 내 감정을 전부 인정하지 못하고 있구나"일 때가 많다. 기쁨뿐 아니라 슬픔, 외로움, 분노, 수치심 같은 감정도 저마다의 의미를 지니고 있다. 그 모든 감정을 소중한 신호로 받아들이고 삶의 방향성을 점검하는 과정을 거칠 때, 비로소 '진짜 행복'이 차츰 모습을 드러낸다.

결국 행복은 모든 감정에서 발견되는 선물이다. 그러니 모든 감정을 소중히 여겨야만 한다.

(2) 흔들려도 다시 나아가는 감정의 힘

인간은 불완전하고 복잡한 사고를 지닌 존재여서 누구나 감정에 흔들린다. 중요한 것은 흔들리지 않는 것이 아니다. 흔들려도 되돌아와서 다시 나아가는 힘을 기르는 것이다. 행복은 어떤 완벽한 이상향이 아니라, 계속 바뀌는 감정 속에서도 하루하루 나를 지탱할 수 있는 '회복탄력성'에서 비롯된다.

회복탄력성이란 삶 속 어려움에도 결코 꺾이지 않고 다시 일어나는 힘이다. 지금처럼 변화가 많고 다양한 관계를 지닌 우리에게 꼭 필요한 능력이다.

누군가는 그저 "긍정적으로 생각하면 되잖아"라고 말하겠지만, 긍정만을 고집하는 건 자칫 또 다른 외면이 될 수 있다. 차라리 부정적인 감정과 불편한 순간을 외면하지 말고 "나는 이 감정을 어떻게 다룰 수 있을까?"라고 스스로에게 질문을 던지는 편이 건강하다. 그러면 점차 내면이 단단해지고, 행복과 불행을 오가는 파도 사이에서도 '나만의 항로'를 찾게 된다.

행복과 불행은 정해져 있는 것이 아니라, 그것을 받아들이는 나의 감정에 따라 결정된다.

(3) 내 삶의 길잡이가 되어주는 감정

우리가 행복을 좇는 방식이 어긋나는 지점은 '감정을 적(敵)으로 삼는 일'에서 시작된다. 다시 말하면 행복이란 '부정적인 감정을 모조리 없앤 상태'가 아니라 좋은 감정이든 나쁜 감정이든 삶의 일부로 인정하고, 그 '감정의 파도'를 타면서 앞으로 나아가는 과정에서 찾아온다.

오히려 부정적인 감정이 없으면 내가 뭘 좋아하는지, 어떤 상황에서 상처받는지를 알아채기 어렵다. 감정은 행복과 불행을 가르는 중요한 역할을 하기에, 우리가 삶에서 어떤 선택을 할지 고민할 때 올바른 길로 안내하는 길잡이가 되어준다.

행복은 감정을 덜어내서 얻는 것이 아니라, 감정과 손잡고 걸어가며 발견하는 것이다.

앞의 문장을 가슴속에 새겨보자. 흔들리더라도 괜찮다. 인간이라면 누구나 흔들린다. 다만 흔들림을 무조건 '불행'이라고 단정 짓지 말고, 그 속에서 새로운 행복의 방향을 찾는 태도가 필요하다. 그리고 그 순간, 감정은 더 이상 무겁고 불편한 짐이 아니라 우리가 원하는 길을 밝혀주는 든든한 빛이 되어줄 것이다.

감정을 관리하면
내 삶도 관리된다

감정의 종류와 특성

감정은 단순한 느낌 그 이상으로 인간의 생존과 적응에 중요한 역할을 한다. 즉 인간의 감정은 긍정적이거나 부정적인 구분을 넘어 상호작용하는 복잡한 양상을 보인다. 따라서 단순히 '좋다', '나쁘다'로 정의할 수 없으며 우리에게 필요한 감정만 있을 뿐이다.

미국의 심리학자 폴 에크먼(Paul Ekman)은 인간의 기본 감정을 **'행복, 슬픔, 분노, 공포, 놀람, 혐오'** 이렇게 6가지로 정의했다. 우리는 인간의 기본 감정을 통해 다른 사람과 관계를 형성할 뿐 아니라, 스스로 무엇을 선택할지, 어떻게 행동할지를 결정한다. 즉 내 감정을 잘 관리하면 행복한 삶을 살 수 있다.

부정적 감정들은 불편하지만 삶에 위험신호나 경고를 주는 만큼 꼭 필요한 감정이다. 물론 부정적 감정들이 과도하게 나타나면 일상에 부정적인 영향을 줄 수 있기에 적절한 방법과 대응으로 관리해야 한다.

그렇다면 어떻게 해야 감정을 관리할 수 있을까? 먼저 '부정적 감정'의 종류를 살펴보자.

부정적 감정	특징과 이해	해결법
분노	• 자기 권리나 욕구를 침해했을 때 발생 • 억울함이나 좌절감이 동반될 수 있음	• 심호흡 및 감정 명명('지금 나는 화가 났다') • 문제의 원인을 객관적으로 파악 후 대화 시도 • 신체 활동(걷기, 운동)으로 에너지 해소
불안감	• 미래에 대한 막연한 두려움과 초조함 • 통제할 수 없는 상황에 대한 걱정으로 심화	• 구체적인 불안 요소를 적으며 '현실 가능성' 점검 • 이완 호흡, 명상 등으로 몸의 긴장 완화 • 작은 계획을 수립하면서 통제감 키우기

부정적 감정	특징과 이해	해결법
두려움	• 위험이나 위협이 임박했을 때 느끼는 본능적 감정 • 회피, 도망 등을 통해 자신을 보호하려는 기제	• 스스로 '두려움'을 인식하고 안전장치 확인 • 단계적 노출(작은 도전부터 시도)로 극복 경험 쌓기 • 전문인인 상담 활용
슬픔	• 상실, 실망, 이별, 좌절 등으로 마음이 무겁고 텅 빈 느낌 • 눈물, 의욕 저하 등의 반응이 나타날 수 있음	• 감정을 억누르지 말고 울거나 글로 표현하기 • 친구나 가족 등 주변에 마음을 나누고 위로받기 • 스스로 충분한 애도와 휴식 시간 갖기
우울감	• 장기간 의욕, 흥미가 떨어지고 무기력한 상태 • 자기 비하와 절망감이 함께 나타날 수 있음	• 스스로 '우울감' 자각 후 전문가 상담 고려 • 규칙적인 일상, 운동, 소소한 성취감 쌓기 • 필요시 심리치료 및 약물치료 병행
수치심	• '나는 잘못된 존재'란 인식에서 비롯된 강한 부끄러움 • 타인에게 비난받거나 무시당한다고 느낄 때 고조	• '수치심'이라고 명확히 감정 명명 • 신뢰할 만한 사람과의 대화로 왜곡된 자아 인식 개선 • 수용적 태도로 과거 상처 다루기

부정적 감정	특징과 이해	해결법
죄책감	• 나의 잘못이나 실수로 피해를 줬을 때 느끼는 감정 • 실제 잘못 여부를 떠나 '마음의 짐'이 지속됨	• 진심 어린 사과와 보상 시도하기 • 재발 방지를 위한 구체적 계획 세우기 • 자기 비난 과도할 시 객관적 조언 구하기
외로움	• 사회적·정서적 유대가 부족하다고 느낄 때 경험 • 인간관계에서 소속감이 없을 때 나타날 수 있음	• 혼자만의 문제로 치부하지 말고, 타인과 소통 기회 늘리기 • 관심사나 취미 공유 모임 참여하기 • 정서적 지지를 얻을 상담 및 치료 활용하기
무기력감	• 아무 의욕이 없고 정신적 에너지가 소진된 상태 • 실패 경험이나 과중한 스트레스가 누적될 때 발생	• 소소한 목표부터 실행하여 성취감 얻기 • 생활 리듬 점검(수면·식사 패턴 재조정) • 주변인이나 전문가의 도움으로 동기 부여하기
질투심	• 타인의 능력·관계·성취 등에 대해 시기·부러움 동반 • 자신과 비교해 열등감을 느낄 때 흔히 발생	• '질투'라는 감정을 인정하고 내 욕구 파악하기 • 비교를 멈추고 나만의 가치·목표에 집중하기 • 타인의 성취를 인정하며 건강한 경쟁으로 전환

부정적 감정들을 잘 이해하고 표현하거나 다룰 수 있으면 감정 조절에 큰 도움이 될 것이다.

부정적 감정의 작용 원리

출근 준비로 분주한 아침, 가족이 무심코 던진 말 한마디에 눈앞이 새하얘지면서 큰소리를 낸 적이 있는가? 또는 회사에서 상사가 "이거 다시 해와"라고 말하는 순간, 자신도 모르게 온몸이 굳고 울분이 치솟은 경험은 없는가? 갑작스러운 분노와 표출에 자신도 당황해하면서 나중에 생각한다.

'내가 왜 이렇게까지 화를 낼까?'

누구나 갑작스러운 분노를 감추지 못해 낭패를 본 적이 있을 것이다. 그런데 한 발짝 떨어져 살펴보면 상대의 말 한마디가 그렇게까지 분노할 일은 아닐 때가 많다.

그럼에도 우리가 때론 과하게 버럭 폭발하는 이유는 무엇일까?

심리학과 뇌과학의 관점에 따르면 '감정적 폭발'은 대체로 현재 상황이 아니라 '과거 비슷한 상황에 표현하지 못했던 억울함과 서러움'의 메아리일 가능성이 매우 높다. 즉 지금 내 앞에 있는 사건이 아닌 과거에 제대로 말하지 못한 감정이 뒤늦게 솟구쳐 작은 일에도 폭발하는 것이다.

이러한 분노의 원리를 모르면 매번 '현재의 누군가'에게 과거 상처의 대가를 묻고 있을지도 모른다. 그렇기에 우리가 갖고 있는 감정의 복잡성을 잘 이해하고, 특히 부정적인 감정을 관리하는 방법이 필요하다.

과거의 목소리가 현재를 지배한다

인간의 뇌 깊숙이 자리 잡은 편도체(Amygdala)는 과거의 분노나 공포, 억울함 등을 저장하는데, 이와 비슷한 신호가 오면 강하게 반응한다. 쉽게 말하면 우리가 과거에 느낀 '미해결 감정'에 접속 버튼이 눌려 현재의 사소한 자극에도 편도체가 '위험 신호'를 알리는 것이다.

'왜 저 말 한마디에 욱하고 올라오지?'

이렇게 생각해도 혼자서는 극복하기 어렵다. 위험 신호는 감정적 트리거(Emotional trigger)에 의해 유발되는데, 우리의 무의식적 기억과 연결되어 있어서 자신도 모르게 반응한다.

예를 들어 어린 시절 부모님이나 선생님에게 내 의견을 제대로 말하지 못했다면, 어른이 된 후 직장 상사의 한마디가 그때의 무력감을 자극할 수 있다. 상대는 단순히 "이 문서 다시 봐" 정도로 말했을 뿐이지만, 내 뇌는 과거에 묵힌 분노까지 전부 꺼내 폭발하는 것이다.

그러나 감정 폭발이 부정적인 것만은 아니다. 이는 우리의 생존 본능과 밀접한 관련이 있으며, 내게 닥쳐올 위험에서 나를 지키는 것이다.

감정 폭발 자체는 '나를 지키려는 몸부림'이다. 다만 새로운 경험을 통해 그 폭발을 완화해야 한다.

전혀 예상치 못한 폭발에 '내가 왜 이렇게 예민할까?' 자책하기 쉽지만, 사실 그 폭발은 나의 내면에서 보내는 생존 신호일 수도 있다.

'이제 그만 무시당하고 싶어!'

이렇게 우리의 뇌는 오랫동안 억눌려온 감정을 풀어내려고 시도하는 것이다. 자동차 계기판에 빨간불이 들어오면 엔진에 문제가 있다는 신호인 것처럼 우리의 격한 감정도 내 안에 아직 풀리지 않은 과거 상처가 있음을 알려주는 경고등일 수 있다. 그러니 자책 대신 그 이유를 파악하고 해결하는 과정이 필요하다.

감정적 트리거를 없애는 방법 3가지

과거의 부정적인 경험이 감정적 트리거가 되어 현재 폭발하지 않게 하는 간단하지만 강력한 3가지 방법을 소개한다.

(1) 4-7-8 호흡법

4-7-8 호흡법은 분노나 불안감, 스트레스를 해소하는 데 큰 효과가 있다. 먼저 조용한 공간을 찾아 편안한

자세로 시작하는 게 좋다. 그다음에 ①코로 4초간 숨을 깊게 들이마신다. ②그 상태에서 7초 동안 멈춘다. ③입으로 8초 동안 숨을 길게 내쉰다. 이렇게 호흡에 집중하는 동안 편도체의 과열을 진정시키고, 전전두엽(Prefrontal Cortex)이 '이 상황을 어떻게 대처할까?' 하며 점검할 시간을 벌어준다.

뇌는 '여유'를 얻으면 해석이 바뀐다.

고작 10~20초의 짧은 시간이지만, 이 작은 틈을 통해서 내가 지금 누군가의 말 때문에 화난 건지, 아니면 옛날에 못 했던 말을 지금 대신 쏟아내는 것인지를 깨닫도록 도와준다.

(2) '감정 쓰기' 훈련

하루 3분, 그날에 느낀 자신의 감정을 작성해보라. 잠들기 전 '오늘 내가 폭발했던(폭발할 뻔했던) 상황은 언제였고, 그때 어떤 감정이 스쳤나?'를 떠올리며 간단히 써보는 것이다. 핵심은 '왜 그 순간 그렇게 욱했지?'라고 자문하면서 떠오르는 과거의 기억이나 감정을 적는 것이 효과적이다.

뇌는 '쓰면 쓸수록' 구조를 재편한다.

뇌는 새로운 정보를 받아들일 때마다 신경회로를 조금씩 재구성한다. 매일 잠깐씩 나 자신을 관찰해 적어두면 자연스럽게 전전두엽이 '내 폭발 뒤에는 이런 역사가 있었구나'라고 학습하게 되어 편도체로부터 입력되는 감정의 브레이크 역할을 하게 된다.

(3) '내면아이' 마주하기

'내면아이 치유(Inner Child healing)'는 상담이나 심리치료에서 많이 쓰이는 기법으로, 인간의 무의식에는 어린 시절의 아픔과 상처로 인한 자아가 있다는 것을 전제로 한다. 내면아이, 즉 '과거의 나'와 마주하며 돌보는 것은 건강한 감정 상태를 유지하는 데 큰 도움이 된다.

먼저 눈을 감고 어린 시절에 억울했던 상황을 떠올려보자. 그때 울고 싶어도 울지 못했던, 미처 말하지 못했던 '과거의 어린 나'를 지금의 내가 다정하게 안아주면서 "괜찮아, 이제 널 지켜줄 사람이 있어"라고 말함으로써 마음의 평안을 찾고, 스스로에 대한 신뢰를 회복하며, 인간관계에서도 성숙한 어른의 태도를 보일 수 있다.

우리의 감정은 스스로 '인정할 때' 가라앉는다.

뇌과학적으로 감정은 부정할수록 더 쌓이고 휘몰아친다. 하지만 과거의 나를 '지금의 내가 품어주는' 이미지를 그리는 순간부터 억눌린 분노나 서러움이 해소될 실마리가 생긴다. 과거의 나를 돌보는 시각화 작업을 통해 강력한 심리적 전환이 일어날 수 있다.

감정은 바꿀 순 없지만
다룰 수 있다

3일만 해봐도 뇌의 패턴이 달라진다

인간의 뇌는 반복되는 새로운 경험을 학습하는 특성을 갖고 있다. 이를 '신경 가소성(Neuro Plasticity)'이라고 하는데, 뇌가 스스로 새로운 신경회로를 형성하는 능력을 말한다. 즉 뇌는 **'새로운 경험 → 새로운 뇌세포 형성 → 새로운 신경 접속'**의 과정을 우리가 죽을 때까지 반복한다.

흔히 나이가 들면 점차 뇌 기능이 떨어진다고 알고 있지만, 현대 신경과학 연구에 의해 '나이와 상관없이 뇌의 능력을 변화시킬 수 있다'라는 사실이 밝혀졌다. 이러한 신경 가소성을 통해 새로운 지식이나 기술을 학습할 수도 있지만, 분노나 불안 등 감정의 문제를 극복할 수도 있다.

물론 변화를 위해 새로운 일을 시도하려 할 때 '이 일을 한다고 해서 과연 효과가 있을까?'란 생각이 들 수 있다. 중요한 것은 진심으로 이 일을 해 나가느냐이다. 스스로 목표가 명확하다면 3일 정도만(혹은 일주일) 시도해 보면 '미묘한 차이'를 체감할 수 있다.

다음은 3일 간의 '감정 일지'를 작성한 예시다.

첫째 날

오늘도 사소한 일에 화를 냈다.

'아, 또 별거 아닌 일에 욱했네…'

매번 들끓는 분노 때문에 주변 사람은 물론 나 역시 힘들다. '4-7-8 호흡법'을 처음 시도해 봤는데, 내 감정 폭발을 늦출 수 있으면 좋겠다.

둘째 날

잠자기 전, 그때 화내던 내 모습과 어릴 적 상황이 겹쳤다.

'아, 이것 때문에 내가 이렇게 예민했구나…'

작은 깨달음을 얻을 수 있었다.

셋째 날

시각화 훈련을 통해 '과거의 나'를 안아주면서 말을 건넸다.

"넌 충분히 사랑받을 가치가 있어. 그건 지금도 마찬가지야."

과거의 나를 이해하고 위로하면서 내 안의 상처와 분노의 감정이 조금씩 가라앉는 것 같다.

이러한 과정을 통해 뇌는 '이제 굳이 폭발하지 않아도 된다'라는 새로운 안정 회로를 만들어간다. 물론 단기간에 과거의 상처가 모두 사라지는 것은 아니다. 하지만 과거의 감정이 어떻게 현재를 뒤흔드는지 이해하는 순간, 감정 폭발의 강도는 한풀 꺾이기 시작한다.

폭발이 아닌 '지금 상황'에 집중해야 한다.

앞서 말한 '4-7-8 호흡법, 감정 일지 작성, 내면아이 시각화' 같은 작은 실행들이 큰 변화를 끌어내는 씨앗이 되는 것이다.

지금 이 순간, 억눌린 나를 끌어안자

우리는 과거의 부정적인 감정이 정리될수록 '현재 사건 자체'를 더 명료하게 볼 수 있다. 예전 같으면 '저 사람이 날 무시한다'라는 생각에 버럭 화를 냈겠지만, 이제는 '아, 이건 단지 내 업무처리 방식을 수정하라는 피드백이구나'라고 받아들일 수 있다는 말이다.

과거에 표현하지 못했던 감정을 처리하고 나면 불필요한 억측이나 예민함이 줄어들고 건설적인 대화가 가능해진다. 또 현재 상황에서 자유롭게 의견을 말하고, 거절해야 할 땐 "아니요, 그건 좀 어렵습니다"라고 자연스럽게 말할 수 있게 된다.

이렇게 감정 폭발이 줄어들면, 문제의 본질(직장 상사의 요구든 가족과의 갈등이든)을 차분히 해결할 틈이 생긴다. 감정 과잉이 없으니 서로 소통할 여유가 생기는 것이다.

감정적 폭발은 과거의 울분이 다시 울리는 메아리와 같다. 내 눈앞의 사람에게 쏜 분노의 화살이 사실 내 안의 상처 때문이었음을 인식하는 순간이 새로운 시작점이다. 그러니 '왜 또 내가 이런 사소한 말에 폭발하는 걸까'라고 자책하지 말고, '내 안에 아직 위로받지 못한 과거가 있는 걸까?'라고 물어보자. 이런 질문 하나가 뇌에 새로운 패턴을 열어준다.

현재를 더 생생하고 자유롭게 살아가려면 '과거의 내 감정'에도 말할 기회를 줘야 한다.

다시 말하지만, 우리의 뇌는 '작은 결심'과 '반복'을 통해 변해간다. 분노 때문에 숨이 막힌다면 의식적으로 호흡을 고르고, 잠들기 전에 감정을 살펴 기록하며, 어린 시절의 나를 상상해 다독여주자. 그러면 어느 날 문득 '과도한 욱함'이 잦아들어 있음을 발견할 것이다.

분노와 울분은 때때로 우리 삶을 뒤흔들지만, 다른 한편 그것은 '내 안에 남아 있는 목소리를 외면하지 말라'는 초대장이다. 그 초대장을 수락하고 한 발 내디뎌보는 건 어떨까?

멈추고 싶은 유혹과 싸우는 뇌,
어떻게 해야 할까

잠깐의 안도, 뒤늦은 폭탄

앞에서도 밝혔듯이, 인간은 모두 불완전한 존재이며 불안해한다. 현대 사회는 과도한 경쟁과 성과에 대한 강박으로 인한 불안이 가득하다. 어린 시절, 학교 교육은 경쟁에서 밀리면 '실패'라고 가르치며 남보다 더 노력해야 한다고 세뇌시킨다. 그 결과 성인이 되어 경쟁에서 밀리면 '인생의 패배자'로 여겨지기에 세상에 도태되는 듯한 느낌을 받는다.

결국 스스로 사회 부적응자란 생각에 불안, 우울, 무기력 등 부정적인 감정에 휩싸이고, 지금 해야 할 일을 미루게 된다.

'일상의 과제'를 미루는 행동은 더 큰 불안을 만들 뿐이다.

우리는 간혹 '이 일을 꼭 해야 하는데'라고 생각하는 동시에 어딘가로 숨어버리고 싶은 욕구가 일어난다. 일을 지연시킬수록 머릿속은 점점 복잡해지고, 목덜미가 뻐근해질 만큼 압박감이 커지는데도 몸은 움직여지지 않는다. 결국 미룬 일들이 차곡차곡 쌓이면서 부담 역시 눈덩이처럼 커진다. 이게 바로 '회피 행동(감정 회피)'이 만들어내는 악순환인 것이다.

'회피(Avoidance)'는 불안이나 두려움, 슬픔을 모면하려는 본능적 반응이고, 통제(Control)는 이러한 상황을 관리하려는 행동이다. 회피와 통제는 우리가 불안을 극복하고 안정감을 유지하는 중요한 역할을 하는데, 편도체

(Amygdala)와 전두엽(Prefrontal Cortex), 기저핵(Basal Ganglia), 시상하부(Hypothalamus)에서 조절된다.

회피 행동을 하는 이들은 부정적인 감정을 피함으로써 심리적 안정을 얻는다. 처음에는 '이번만 피해 가면 좀 편하겠지' 같은 짧은 안도감을 얻지만, 그 뒤엔 더 커진 불안이 폭탄처럼 터져 나오기 마련이다. 직접 문제를 마주하지 않았기에 두려움을 다룰 방법도 모르고, 상상 속 공포는 계속 부풀어 오른다.

그러다 보면 어느새 '원래 난 이런 사람이야'라며 자신을 주저앉히기 일쑤다. 그렇게 방치된 불안은 점차 모든 상황을 더 어둡고 힘겹게 보이게 만든다. 이를테면 해야 할 과제나 직장에서의 중요한 업무를 미뤄둘수록 머릿속은 그 문제를 더 거창하고 심각하게 상상해 버리는 것이다.

잠깐의 안도감은 언제 터질지 모르는 시한폭탄을 안은 것이나 다름없다.

따라서 '지금 안 해도 되겠지' 하고 넘어가지만, 결국 그 압박감이 더 크게 돌아온다는 사실을 잊지 말아야 한다.

새로운 기회를 막아버리는 '회피'

그렇다면 우리는 왜 이렇게 회피하는 걸까? 여러 가지 심리 요인이 있지만 크게 3가지로 말할 수 있다.

첫째, 완벽주의가 큰 몫을 차지한다.

'처음부터 잘 못할 것 같으면 아예 시작도 안 해!'하고 마음을 닫는 것이다. 실제로 '완벽하지 않으면 하지 않겠다'라는 태도가 작은 실패조차 허용하지 않고, 미리 모든 상황을 통제하려 든다는 점에서 회피 성향을 강화하기 쉽다.

둘째, 확실성에 대한 갈망이다.

'실수 없이 100퍼센트 성공해야 한다'라고 생각하면 도전 자체가 막막해진다. 일이든 인간관계든 시험이든

'혹시라도 틀리면 어쩌지?'라는 두려움이 앞서는 순간, 우리는 큰 부담을 갖게 된다.

셋째, 후회에 대한 두려움이다.

'괜히 했다가 나중에 크게 후회하면 어떡하지?'라는 생각에 발목이 잡혀 시작도 못 해보고 포기하는 식이다. 특히 주변에서 "그 선택 잘못된 거 아니야?" 같은 부정적 피드백을 들을까 봐, 아예 도전하지 않는 편을 택하기도 한다.

* * *

불안과 회피가 얽히면 스스로 해결할 기회조차 차단한다. 예컨대 시험을 앞두고 '떨어지면 창피하니까 안 보는 게 낫겠어'라며 도전하지 않는다면, 그 시험이 정말 얼마나 어려운지 직접 겪어볼 기회마저 잃은 채 막연한 두려움만 계속해서 키워가는 격이다.

비단 시험뿐 아니라 새로운 일이나 인간관계를 시작하기도 전에 '어차피 잘 안될 거야'라고 회피해 버리면, 그 관계나 활동이 선사할 즐거움이나 배움을 아예 경험하지 못한다.

해결책은 '불안'을 회피하지 말고, 마주하는 것부터 시작해야 한다. 불안은 회피할수록 점점 확장될 뿐이다.

다시 강조하지만, 불안을 잠재우는 최선의 방법은 직접 부딪쳐 보는 경험이다. 예를 들어 낯선 음식을 먹지 않고 상상만 하면 '맛없으면 어쩌지?'라고 망설이지만, 막상 한입 베어 먹으면 '먹을 만한데?' 하고 안도하거나 '역시 입에 안 맞네'라며 체념하게 된다. 실제로 시도해 봐야 막연한 공포에서 벗어날 수 있는 것이다.

이처럼 작은 경험을 통해 뇌가 '이건 해볼 만하다'라는 정보를 획득하면, 그다음 시도는 한결 수월해진다.

작은 실천이 만드는 큰 변화

불안의 공포에서 벗어나는 또 다른 방법으로 '내려놓

기'와 '자기 관찰'이 있다. 먼저 내려놓기는, 모든 문제가 내 책임은 아니기에 어떤 문제는 내려놓을 수 있어야 한다. 지금 당장 내가 책임질 일과 굳이 떠안을 필요 없는 일을 명확히 구분해 보자. 만약 내가 통제할 수 없는 분야까지 모두 끌어안으려 한다면, 스스로 숨 쉴 틈조차 없애는 것이다.

그다음 중요한 건 자기 관찰이다. '언제, 어디서, 무엇 때문에' 불안이 시작되는지 살펴보면, 그 원인이 과거의 특정 기억에서 왔는지, 아니면 남의 시선을 두려워하는 건지 조금씩 분리해 낼 수 있다. 예를 들어 예전에 발표 때 망신당한 기억이 트라우마가 되어 지금도 사람들 앞에 나서기가 두려워서 회의나 모임을 피하게 만드는 경우도 꽤 많다.

회피의 패턴에서 벗어나려면 거창한 목표보다는 아주 사소한 행동부터 시도해 보는 게 좋다. 예를 들어 방 정리를 미루고 있다면 바닥의 신발부터 가지런히 두는 식이다. 이렇게 작은 실행을 할 때마다 '이 정도면 할 만하네?'라는 용기가 생겨난다.

물론 처음부터 불안이 사라지기는 어렵다. 그러나 매

번 작은 도전을 할 때마다 불안은 힘을 잃기 시작하고, 그 자리에 '나도 해볼 수 있겠다'란 자신감이 자라난다. 이를테면, 단 한 사람 앞에서라도 말을 꺼내 보는 연습을 하다 보면 여러 사람 앞에서도 '그래도 해볼 수 있지 않을까?'라는 생각이 싹트는 식이다.

지금의 감정을 인정하되 움츠러들지 말고, 한번 부딪쳐 보자.

불안과 회피는 누구에게나 익숙한 본능적 반응이지만 거기에 계속 머무를 필요는 없다. 후회가 두렵더라도 '그래도 해본다'라는 마음이 불안과 회피의 고리를 끊는 가장 확실한 방법이다. 아주 사소한 행동이라도, 완벽하지 않아도 괜찮다. 설령 실패하더라도 그 자체를 학습의 기회로 삼으면 뇌는 점차 '이 정도 실패쯤이야 견딜 수 있어'라고 재해석하게 된다.

지금 혹시 미뤄둔 무언가가 있다면, 상대적으로 작은 일부터 차근차근 시도하자. 책상 위의 잡동사니 치우기나 지인에게 먼저 연락하기 등 그동안 미뤄둔 할 일 목록을 하나씩 지워낼 때, 조금 더 자유로워진 자신을 발견할 것이다.

나를 짓누르던 불안을 조금씩 걷어내고, 회피의 길 대신 '실행의 길'을 선택하는 과정은 결국 자신의 삶을 한층 풍요롭게 만든다. 그 한 걸음은 생각보다 더 큰 변화의 시작이 될 수 있다.

작은 발걸음으로 시작한 도전은 우리의 불안을 누그러뜨리고, 큰 가능성으로 나아갈 길을 열어준다.

부정적 감정의
브레이크를 밟는 법

누구나 자신의 감정을 통제하지 못하고 순간적으로 터뜨려 후회한 기억이 있을 것이다. 홧김에 소리를 지르거나 중요한 순간에 감정이 앞서 일을 그르치기도 한다. 문제는 이런 실수가 쌓이면 소중한 사람들과 멀어지고, 사회생활에서도 점점 뒤처지게 된다는 사실이다. 그런데 부정적인 감정을 조절할 수 있는 방법이 있다. 바로 '6초의 여유'라는 개념이다.

하버드대학교 연구진은 "6초는 감정이 행동으로 표출되기까지의 시간으로, 이 시간을 활용해 감정을 적절하게 조절할 수 있다"라고 밝혔다. 즉 순식간에 부정적인 감정이 일어날 때 6초 안에 '감정의 브레이크'를 밟으면, 더 나은 선택을 할 수 있는 기회가 생긴다.

6초의 골든타임을 잡아라

인간의 감정은 외부의 자극(누군가의 기분 나쁜 말 등)을 받으면 0.2초 만에 감정이 솟구친다. 이것은 타고난 본능이며 상황에 따라 자동적으로 발생하는 것이어서 우리의 의지로 막기 어렵다. 하지만 그 감정이 폭발해 소리를 지르거나, 과도하게 흥분해 상황을 악화시키는 행동으로 이어지기까지는 6초가 걸린다. 이 '6초의 골든타임'에 간단한 '행동 전환'을 하면 서서히 감정이 가라앉는다.

6초 동안 할 수 있는 효과적인 방법은 심호흡이다. '심호흡이 뭐 별건가? 식상하네'라고 생각할 수 있지만, 심호흡은 감정을 진정시키는 데 직관적이며, 가장 빠른 방법이다. 감정이 솟구칠 때 우리의 신체 증상은 변하는데 심장은 빠르게 뛰고, 근육도 굳어가는 등 통제하기가 어렵다. 하지만 폐만은 우리의 의지로 조절할 수 있다.

우리 몸속 장기들은 대부분 자율신경계의 지휘를 받지만, 폐(호흡)는 우리가 의식적으로 조절할 수 있는 유일한 장기다. 따라서 숨을 길게 들이마시고 내쉬면, 폐가 이완되면서 심장 박동, 근육 긴장, 중추신경계가 연쇄적으로 차분해진다.

심호흡을 통해 몸의 긴장을 완화하고, 부정적 감정을 진정시킬 수 있다.

이는 마치 달리는 자동차의 엔진을 열어 뜯어고치는 대신 브레이크를 밟는 것과 같다. 브레이크를 통해 속도를 낮출 수 있듯, 심호흡이 우리 뇌와 몸에 작동하는 원리가 그렇다. 점차 호흡 속도가 느려지면, 심장 박동도 자연스레 느려지고, 그 신호가 뇌에 전달되면서 '흥분을 가라앉혀도 된다'라는 메시지를 준다. 결과적으로 과도한 스트레스 호르몬 분비를 줄이고, 부정적 감정 폭발을 막아주게 된다.

나도 모르게 욱하기 전, 단 6초만!

다시 말하지만, 한 번의 잘못된 감정 폭발이 때론 소중한 것들을 잃게 만든다. 다행스럽게도 부정적 감정을 막을 순 없어도 가라앉힐 시간 6초는 우리에게 충분히 주어진다.

6초 안에 올바르게 심호흡하려면 다음 3단계를 따라야 한다.

1단계: '감정이 올라온다'를 인식한다.

내 안에 불안이나 분노가 밀려드는 순간을 '자동'으로 감지하려고 애쓰지 말자. 자연스럽게 느껴지면 그냥 '아, 지금 화가 나려는구나' 하고 알아차리기만 해도 된다.

2단계: 의식적으로 심호흡을 한다.

감정이 솟구치는 게 느껴지면 '6초만 호흡하자'라고 마음먹고, 코로 3초간 숨을 들이마신 후 3초간 천천히 입으로 내쉰다(또는 4-2-4 등 자신이 편한 패턴을 사용해도 좋다).

3단계: 감정과 행동을 분리한다.

심호흡할 때 감정 자체를 억누르려 애쓰지 말고, '지금 화를 내는 대신 숨 한 번 고르자'라는 태도를 취하자. 이 몇 초가 지나면 '아까 그 말, 그냥 흘려넘길까?'라는 생각이 들 가능성이 높다.

부정적인 감정은 자연스러운 반응이지만, 이것이 폭발하지 않도록 조절하는 것이 중요하다.

심호흡은 누구나 쉽게 할 수 있는 방법이다. 올바른 심호흡 방법을 익히면 부정적인 감정을 가라앉힐 수 있다. 물론 심호흡만으로 부정적 감정이 완벽히 사라지진 않는다. '6초 심호흡'은 어디까지나 '응급처치'에 해당한다. 폭발 직전의 불씨를 크게 번지지 않도록 막아주는 방법인 셈이다.

어느 정도 감정을 조절할 수 있다면, 다음 단계로 넘어갈 수 있다. 가령 어떤 언어적 표현으로 상황을 정리하거나, 주변 도움을 청하거나, 잠깐 자리를 벗어날 시간을 가지는 등 구체적인 해결책을 모색하기가 훨씬 쉬워진다. 그러나 일상에서 '6초 심호흡'만 실천해도 많은 갈등 상황을 진정시키는 효과를 체감할 수 있다.

그 6초 안에, 즉 감정이 폭주하기 전에 브레이크를 밟는 것이야말로 현명한 자기 통제의 시작점이다. 그러면 어느 순간, '아, 이제 내가 감정의 파도에 휩쓸리지 않고 조절할 수 있게 되었구나'라고 느끼게 될지도 모른다.

짧은 6초가 인간관계, 일상의 스트레스, 나아가 전체 삶의 질에 새로운 변화를 불러올 것이다.

감정은 생각보다
빨리 무뎌지고 사라진다

   심리학자들은 대부분의 사람이 자신이 미래에 느낄 감정을 예측할 때 크고 작은 오류를 범한다는 사실에 주목했다. 이를 '정서적 시간여행의 오류' 또는 '감정 예측의 편향'이라고 부른다. 이는 우리가 미래 상황에서 느낄 행복이나 불안의 정도를 과장하거나 축소하는 것을 말한다.

   이런 오류가 발생하는 이유 중 하나는 스스로 지닌 '적응 능력'을 제대로 인식하지 못하기 때문이다. 부정적인 상황을 겪더라도 생각보다 잘 참고 견디거나, 심지어 그 상황에 맞춰 빠르게 적응한다는 사실을 간과하는 것이다.

예를 들어 새로운 직장에서 일하기 시작한 첫 주에는 두려움과 긴장감을 느끼기 마련이다. 낯선 환경, 새로운 업무, 익숙하지 않은 동료들은 누구에게나 부담스럽게 다가온다. 하지만 막상 한두 달이 지나면 신입 직원조차도 몇 년간 일해 온 사람처럼 일상적인 루틴에 적응해 있는 자신을 발견하게 된다.

우리는 자신이 지닌 '유연함'과 '회복 탄력성'을 제대로 가늠하지 못하고, 앞날에 대한 불안이나 흥분을 크게 느낀다. 이렇게 '적응 능력'을 과소평가한 채 미래 감정을 부풀려 예측하면, 잘못된 판단이나 결정을 내릴 가능성이 높아진다.

감정은 오래가지 않지만, 그 감정을 매개로 내리는 결정은 오랫동안 우리 삶에 영향을 미친다.

이러한 문제는 결코 개인만의 약점이 아니다. 대부분의 사람이 비슷한 과정을 거치며 미래 감정을 추정하고, 그것을 바탕으로 인생의 중요한 선택을 한다. 이를테면 어떤 성취를 이루었을 때 느낄 행복감이 오래갈 것이라 믿거나, 반대로 특정 좌절을 겪었을 때의 절망감이 영원히 이어질 것처럼 예측한다.

그러나 실제로는 긍정적인 감정이든 부정적인 감정이든 생각보다 빠르게 사라지거나 익숙해지기 마련이다. 물론 머리로는 이런 사실을 알고 있지만, 예측 단계에서는 자신의 대응 능력을 과소평가하거나, 긍정적 사건의 효과를 실제보다 크게 보는 경향이 있다.

그렇다면 '미래 감정'을 잘못 짐작하는 것이 왜 중요한 걸까? 이는 우리의 의사결정 대부분이 '미래에 어떤 기분이 들까'라는 질문을 바탕으로 이루어지기 때문이다. 진로 선택, 결혼, 이사, 직장 이동, 하다못해 물건 구매 등 인생의 중요한 전환점은 물론 일상의 크고 작은 문제까지 모두 포함된다.

즉 자신이 예측한 감정이 자기 만족감이나 후회를 좌우한다고 믿는다. 그러곤 '얼마나 행복할지' 또는 '얼마나 괴로울지'를 고민하며 결정한다.

우리는 생각보다 훨씬 쉽게 적응하지만, 감정을 예측할 때는 그 사실을 까맣게 잊고 만다.

문제는 이러한 감정 예측이 자주 틀릴 수 있다는 점이다. 또한 기대했던 환희가 오래가지 않음을 깨닫고 값비싼 소비를 후회하거나, 예상보다 빠르게 슬픔에서 벗어날 수 있다는 사실을 잊은 채 지나치게 우울해질까 봐 두려워 중요한 기회를 놓치기도 한다.

한 심리학 연구에 따르면, 사람들은 긍정적 사건의 효과를 오래 지속될 것으로 믿지만, 부정적 사건을 겪고도 이를 극복하거나 견딜 수 있는 능력을 스스로 깎아내린다고 한다. 물론 미래 감정을 정확히 예측하기란 쉽지 않다. 하지만 전혀 방법이 전혀 없는 것은 아니다.

* * *

미래를 예측할 때 필요한 2가지를 소개한다.

첫째, '내가 생각보다 훨씬 잘 적응한다'라는 사실을 주기적으로 되새겨라.

특정 사건이 가져다줄 극적인 감정이 길고 강하게 이어질 것으로 예상하지 말고, 시간이 지나면 그 감정이 줄어들고 일상에 스며들 것임을 염두에 두어야 한다. 이런 인식은 과도한 기대나 근심을 줄이고, 보다 균형 잡힌 시각에서 결정을 내리는 데 도움을 줄 것이다.

둘째, 과거의 경험을 활용해 미래 감정 예측의 편향을 완화할 수 있다.

자신이 과거에 겪었던 비슷한 상황을 떠올리고, 그때 실제로 느꼈던 감정의 강도와 지속 기간을 객관적으로 돌이켜보는 연습이 필요하다. 단순히 과거 사건을 회상하는 데 그치지 않고, '처음에는 얼마나 힘들었고, 결국 어느 시점에서 어떤 기분으로 전환되었는지'까지 구체적으로 정리하는 것이 중요하다.

이렇게 자신이 경험했던 실제 감정 변화를 떠올리면, 지금 당장 떠오르는 불안이나 기대감이 과장된 것임을 자각하기 쉬워진다.

지금은 내 감정이 영원할 것 같지만, 실제로는 '생각보다 빨리' 무뎌지고 사라진다.

정서적 시간여행의 오류를 인지하는 것은 여러모로 유익하다. 자신의 감정 변화를 정확히 예측할 수 있게 되면, 과도한 기대나 막연한 두려움에 휩싸이지 않게 된다. 이는 삶을 좀 더 객관적인 태도로 이끌어가고, 현재의 기분에 휩쓸리기보다는 현실적인 선택을 하는 데 도움을 준다.

다시 말하면, 우리는 언제든지 부정적인 상황에서도 회복할 수 있고, 긍정적인 순간이 예상보다 빨리 사라질 수 있다는 사실을 잊지 말아야 한다. 그것이 현실적이며 동시에 한층 성숙한 태도다.

결국 우리는 모두 미래를 예측하면서 '앞으로 어떤 기분이 들까'를 고민한다. 이것이 인간 본성일 수밖에 없다. 다만 그 예측이 완벽하지 않음을 인정해야 한다. 적절한 의심과 회의, 자신의 적응 능력을 과소평가하지 않는다면, 더 현명한 의사결정을 할 수 있다. 이러한 작은 변화가 일상에서 느끼는 진정한 '행복'에 한 걸음 더 다가가게 해줄 것이다.

때로는 부정적인 감정을
허용하라

영화 〈해리 포터(Harry Potter)〉 시리즈의 주인공 해리에게는 신비한 능력이 있다. 바로 뱀과 소통할 수 있는 '파셀텅(Parseltongue, 뱀의 말)'이란 능력이다. 해리는 어둠의 마법사 볼드모트와의 연결고리가 있기 때문에 어느 누구도 갖지 못한 능력을 지니게 되었다. 이는 해리가 어둠의 힘과 가까운 존재라는 것을 의미하며, 때로는 자기 자신조차 의심하게 만든다.

그런데 해리는 '어둠의 능력'을 긍정적으로 활용하여 여러 번의 위기에서 벗어나고 동료들을 구한다. 해리와 친구들은 간혹 규칙을 어길 때가 있다. 물론 이런 행동은 표면적으로 비판받을 수 있지만, 만약 규칙만 준수했다면 이들은 결코 영웅이 되지 못했을 것이다.

우리가 해리 포터의 이야기를 통해 알 수 있는 사실은 자신의 성격을 일상적인 영역에서 벗어나 조금 더 낯선 차원으로 확장해야 할 때가 종종 있다는 것이다. 한편으로는 자아성찰이 필요하고, 또 다른 한편으로는 기존에 없던 시도를 해야 할 수도 있다.

우리는 가끔 '내가 이렇게 해도 되나?', '내가 이것밖에 되지 않았나?' 싶은 의문과 불안 속에서 자기혐오에 가깝도록 자신을 몰아붙이기도 한다. 이에 대한 실제 연구를 살펴보면 흥미로운 결과가 있다.

한 연구에 따르면 자존감이 낮고 자기비판적 성향이 큰 학생들이 시험 전 불안을 극도로 느끼면서도, 단기적으로 준비량을 크게 늘린 결과, 좋은 성적을 거둔 사례가 관찰되었다고 한다. 그러나 이러한 단기적 성과 뒤에는 장기적 위험이 도사리고 있었다. 같은 연구에서 자기혐오나 자기비난이 계속되면 시간이 지날수록 우울증과 불안장애, 대인관계 갈등이 유의미하게 증가한다는 사실이 밝혀진 것이다.

이는 "한 번 성과를 내고 나면 '조금이라도 실수하면 안 된다'라는 압박감이 점점 커져서, 결국 번아웃(Burn-out, 탈진)이나 무기력으로 이어질 가능성이 크다"라는 점을 시사한다.

자신의 부정적인 감정을 함부로 불태우는 일은 뜻밖의 부작용을 일으킬 수도 있다.

이러한 현상에는 '보상적 노력(Overcompensation)'이란 심리 기제가 깔려 있는데 무언가 결핍이나 결함이 있다고 느낄 때, 이를 극복하기 위해 과도한 방식으로 노력하는 것이다. 흔히 완벽주의 성향과 높은 기준을 가진 사람들이 그렇다. 이러한 노력이 건강한 방향으로 흘러가면 좋지만, 반대로 자기혐오가 극단적 결핍감으로 작용하면 삶의 전반에 걸쳐 '나는 이대로는 안 된다'라는 생각에 갇혀서 '눈에 보이는 모든 일'에 전력을 쏟는 형태가 된다.

물론 단기적으로는 효과가 있을 수 있지만, '이제 더는 실수하면 안 된다'라는 압박감에 스스로를 소진시키고 지치게 만들 위험이 높다. 단기적 성과를 위해, 또는 다른 사람의 시선을 의식한 과잉 노력을 이어가다 보면 어느 순간 '번아웃'이 코앞에 닥친다. 결국 자존감은 더 떨어지고, 무기력감이 깊어져서 오히려 하고 싶은 일조차 시들해진다.

번아웃과 자기혐오가 뒤따르기 쉬운 '과잉 노력'은 우리가 결핍을 해결하고자 하는 몸부림일지도 모른다.

역설적이게도 '더 잘하고 싶다'라고 마음속에 내재된 자기혐오의 감정은 우리를 움직이게 만드는 에너지가 된다. 하지만 그 파괴적인 힘을 제대로 보듬지 않으면 '번아웃'이 오고 지쳐 쓰러지게 된다. 그러니 더 이상 자신을 불태우며 나아가는 것을 멈추고, 자신을 되돌아볼 줄 알아야 한다.

우리의 가장 어두운 감정은 때론 가장 밝은 길을 밝힌다. 인간은 본능적으로 자신을 확장하려는 동기를 가지고 있어서다. '더 잘하고 싶은 마음'이 대표적이다. 예컨대 새로운 관계, 활동, 지식, 성취 등 내가 가진 내적인 자원이 확장될 때 긍정적 정체감과 높은 심리적 만족을 경험한다.

반면 낮은 자존감으로 인해 스스로를 '부족하다'고만 느낀다면, 그 '결핍감'을 메우기 위해 과잉노력을 하게 된다. 그러나 이 과잉노력을 '자기확장'의 관점으로 바뀌면 많은 게 바뀐다.

내가 평소 읊조리는 니체(Nietzsche)의 글을 소개하겠다.

위대한 경멸의 순간을 맞이하라.
모든 걸 잃고 나서 후회하면 늦는다.
그들에게 초인을 가르치려 하노라.
인간은 극복되어야 할 그 무엇이다.
그대들은 자신을 극복하기 위해 무엇을 했는가?
지금까지 모든 존재는 자신을 넘어서 그 무엇인가를 창조해 왔다.
그런데도 그대들은 이 거대한 밀물의 한가운데서 썰물이 되기를,
자신을 극복하기보다는 동물로 되돌아가기를 원하는가?

(중략)

형제들이여 말해다오, 그대들의 몸이 그대들의 영혼에 대해 무엇을 알려주는가를.

그대들의 영혼 자체는 빈곤함과 더러움과 가련하기 그지없는 안일함이 아니던가?

그렇다. 인간은 '더러운 강물'이다.

그러므로 우리는 먼저 '바다'가 되어야 한다.

더러워지지 않으면서 더러운 강물을 받아들이려면. 보라, 나는 그대들에게 초인을 가르친다.

초인은 바다이며, 그대들의 커다란 경멸은 그 속으로 가라앉을 수 있다.

그대들이 체험할 수 있는 최대의 것은 무엇인가?

그것은 위대한 경멸의 순간이다.

그대들의 행복, 마찬가지로 그대들의 이성과

그대들의 덕이 역겨워지는 순간이다.

_《차라투스트라는 이렇게 말했다》 중에서

니체는 '더러운 강물'과 '바다'라는 비유를 통해 우리

안에 있는 '양면성'을 지혜롭게 포용하는 관점을 제시한다. '거대한 바다'는 우리가 갖게 되는 온갖 부정적인 감정과 결핍감을 넉넉히 담아낼 수 있는 '넓은 그릇'을 상징한다. 즉 더러운 강물(어두운 경험과 감정)이 밀려와도 내 본질은 망가지지 않을 만큼 확장된 자아 상태를 뜻한다.

다시 말하면, 자기혐오나 결핍감을 부정하거나 완전히 없애려 하기보다는 그것을 '있는 그대로 수용'하고 스스로를 더 크게 키워 나갈 기회로 삼는 것이다.

주로 타인이 대상이지만, 때로 자기 자신이 되기도 하는 감정, 즉 '자기혐오'가 들 때마다 기억하라. 더러운 강물과 같은 역경이 밀려와도 거뜬한 거대한 바다가 되어라. 어떤 바람에도 흔들리지 않는 나무처럼 뿌리를 깊게 내려라. 세상을 밝게 비추는 태양이 되어라. 오늘의 태양이 지더라도 내일 다시 떠오르리라 다짐하라.

우리가 소중한 것을 잃었을 때, 선택의 결과가 우리를 실망시켰을 때, 그리고 우리 자신을 보잘것없게 느낄 때, 우리는 그 모든 감정을 거대한 바닷속으로 가라앉힐 수 있다. 바다는 더러운 강물을 받아들여도 결코 그 자체의 순수함을 잃지 않는다.

우울증 극복,
'이건' 꼭 하라

우울증은 죄가 아니다

대부분 우울증을 감정적인 상태로 여기지만, 우울증은 우리의 신체와 정신에 영향을 미치는 질환이다. 우울증의 흔한 증상으로 '슬픔, 절망, 자책, 피로, 무기력감, 무가치감' 등이 있는데, 이런 기분이 2주 이상 지속되면 우울증일 가능성이 크다.

한 사람의 글을 소개하겠다.

우울증을 앓으면서 기억력이 무서운 속도로 나빠지고

있다. 어제 먹은 음식이 기억나지 않는 건 물론이고, 계속 생각하던 일도 한순간에 잊어버린다. 심지어 방금 내가 직접 한 일을 까먹고 반복하기도 한다. 무섭다. 내가 다른 사람이 되어가는 것만 같다. 돌아갈 수 있을지 확신이 들지 않는다.

이 글은 단순한 건망증 이야기가 아닌 실제 우울증을 겪고 있는 사람의 고백이다. 처음 이 글을 접했을 때의 충격이 아직도 떠오른다. 사실 내 지인도 겪은 사례라 남 얘기처럼 들리지 않았다.

글쓴이의 고백처럼 우울감이 깊어질수록 기억도 흐려지고, 세상과 점점 멀어지는 기분이 든다. 그러다가 감정만이 아닌 '나 자신'까지 지워버리는 것만 같은 기분이 든다. 문제는 이러한 기분이 '감정적 반응성'을 제한하는 것도 모자라 기억력을 포함한 일상생활에도 지장을 준다는 점이다.

규칙적인 생활 리듬 찾기

앞서 말했듯 기분은 계절과 같은 특성이 있는데 주로 생활 습관과 연관이 있다. 흐린 날에도 창문을 열어야 빛을 들일 수 있듯이, 우리는 기분이 완전히 가라앉기 전에 '작은 틈'을 만들어야 한다. 예를 들어 햇빛을 조금이라도 쬐고, 따뜻한 차 한 잔을 마시며, 몸을 움직이면서 기분의 흐름을 바꿔보는 것은 사소한 행동이지만, 이러한 '작은 틈'이 완전히 어두워지지 않게끔 할 수 있다.

우울할수록 밤에 쉽게 잠들기 어렵고, 수면 부족은 기억력을 더 흐리게 만든다. 따라서 규칙적인 생활 리듬을 찾는 것이 중요하다.

- 매일 같은 시간에 잠들고 일어나기
- 가능하면 아침 햇빛을 쬐며 가벼운 산책하기
- 과도한 카페인 줄이고, 필요하면 오메가3 같은 영양 보충 고려하기

이러한 사소한 습관들이 모여 결국 우울감을 완화하

는 작은 방패가 된다.

꾸준하게 운동하기

운동은 단지 체력을 기르는 것만이 아니다. 신체를 움직이면 뇌 속에서도 변화가 일어난다. 단순한 기분 전환을 넘어 우리의 뇌는 실제로 변화할 수 있다. 한 연구에 따르면 유산소 운동은 뇌유래신경영양인자(BDNF)를 증가시켜 기억력을 높이고, 우울 증상을 완화하는 데 도움이 된다.

특히 주 3회 이하, 45분 미만의 중등도~고강도 운동이 인지 기능을 개선하는 효과가 크다고 밝혀졌다.

- 충분한 준비 운동과 안전수칙을 지키며 즐겁게 하기
- 야외가 어려우면 집에서 유튜브를 보며 스트레칭이나 요가하기
- 힘들면 운동 강도를 낮추고 시간을 줄이며 조절하기

운동을 할수록 생각이 정리되고 기억도 또렷해진다. 그러니 지금 기분이 가라앉았다면 한 걸음이라도 움직여보자. 무리하지 않아도 된다. 조금만이라도 몸을 깨우는 것이 중요하다. 꾸준한 운동을 통해 신체적·정신적 건강을 유지할 수 있다.

기억을 붙잡는 장치 활용하기

우울감이 깊어질수록 자꾸 깜빡하고 놓치는 것들이 많아진다. 하지만 기억을 붙잡는 방법은 있다. 기억을 잃지 않기 위해, 기억하는 습관을 만들자.

- 핸드폰 알림이나 메모 활용하기
- 일정을 규칙적으로 반복해 습관화하기
- 중요한 정보를 기록하고, 수시로 다시 보기

기억을 떠올리는 일이 힘들다면, 기억을 '보관할 수 있는 장치'를 적극적으로 활용하자.

* * *

하루의 리듬이 무너지면 '기분'도 '감정'도 흔들린다. 그렇기에 나에게 맞는 생활 리듬을 찾고, 꾸준한 운동 습관을 들이며, 기억을 붙잡는 장치를 마련한다면 완전히 무너지는 것을 막을 수 있다.

어떤 날은 비가 내리고, 어떤 날은 바람이 거세지만, 그럼에도 불구하고 계절은 흘러간다. 그리고 결국, 다시 봄은 찾아온다. 그러니 우울감이 깊어질수록 '작은 틈'을 만들어보자. 기분이 흐린 날에도 우리는 스스로에게 작은 우산 하나쯤은 펼쳐줄 수 있다.

한가지 더 전하고 싶은 건, 너무 혼자서 버티려고 하지 말자. 주변 사람들에게 인지적 어려움이 있음을 솔직히 말하고 도움을 요청하는 것도 하나의 방법이다. 기억을 잃어가는 것만큼 사람들과의 연결을 잃는 것이 더 위험할 수 있으니까.

2장

세상과 연결되어라.
그 누구도 아닌 나를 위해서

감정 손해에 대한 고찰

다음은 한 유튜브 영상의 베스트 댓글이다.

사람이 역겹거나 그런 건 아닌데… 그냥 귀찮음.

재미없는 얘기에도 웃어줘야 하고… 조용해지면 뭔가 얘기해야 할 거 같고.

뭔가 내 마음대로 할 수 있는 게 없음.

별로 공감도 안 되는데 고민 들어주는 것도 짜증 나고…

그래서, 그냥 다 귀찮아서 '혼자'가 편해요.

나는 이 글을 처음 접했을 때 '엥? 정말로?' 하고 놀

랐다. 사실 이런 '회피성' 글은 온라인커뮤니티나 유튜브, 인스타그램 등 소셜 미디어에 심심치 않게 보였다. 그런데 내 생각보다 많은 상당수 사람이 회피적인 글에 '좋아요'를 누르며 동조하는 것을 보고 적잖은 충격과 생각에 빠졌었다.

'요즘 사람들은 감정 회피가 심할 수 있겠구나…'

그렇다고 내가 남 얘기처럼 말하는 건 아니다. 나도 '요즘 사람'이기에 공감되고 동질감을 느끼는 부분이 있으니 말이다. 단지 '손실 회피(Loss Aversion)'[1]의 요소가 감정까지 왔구나 싶은 생각이 들었을 뿐이다.

만약 당신도 앞의 댓글에 공감한다면 '감정적 비용 회피(Emotional Cost Avoidance)'[2]에 처했을지 모른다. 주위 사람들과의 갈등이 부담스러워서 설령 자신이 손해를 봐도 대립을 피하다 보니(혹은 마주하다 보니) 만사가 귀찮아져 인간관계 맺기나 삶의 의욕이 떨어지는 것이다.

사실 댓글 속 '역겹거나 그런 건 아닌데…'라는 표현도

---

1 이득에 대한 기대보다 손실에 대한 두려움이 커서 피하려는 심리 현상이다.
2 감정적으로 힘들고 불편한 상황에서 오는 비용을 피하려는 심리 현상이다.

정말 역겹다는 의미가 아니라 그만큼 지쳤기 때문에 표현의 강도가 세진 것에 불과하다. 이런저런 이유로 감정이 뚝뚝 새어 나가다 보면, 결국 '혼자가 편해'란 결론에 이른다. 문제는 이런 태도가 상당히 보편화되어 가고 있다는 점이다. 즉 감정 소모 대신 '감정 손해'를 택하는 사람이 점차 늘어나고 있다.

그러면 언제부터 '감정 소모 회피'가 일상이 됐을까?

우리는 인간관계든 새로운 도전이든, 무언가를 새로 시작하기 전에 본능적으로 손익 계산부터 한다.

'혹시 실패하면 내가 손해 보는 건 아닐까?'

'내 시간과 마음을 쓰면 어떤 이득이 있을까?'

이런 생각으로 새로운 사람이나 상황을 피하고, 감정 소모를 최소화하려는 태도가 널리 퍼졌다. 무엇보다 '내 행복이 먼저'란 인식이 커졌고, 일할 때 '감정노동'의 피로가 축적된 탓에 퇴근 후 누군가를 만나는 것이 버겁다. 또 조금이라도 스트레스를 받으면 바로 관계를 끊는 '손절 문화'도 감정 소모 회피를 부추긴다.

물론 극단적 상황에서 손절이 필요한 경우도 있겠지만 사소한 갈등에도 관계를 쉽게 끊다 보니 깊은 유대관계를 맺기가 어렵다.

후회를 피하려는 '결정 미루기'도 감정 소모 회피의 한 형태이다.

변화를 주저하고 현재 상황을 고수하면 단기적으로 마음은 편할 수 있다. 하지만 중요한 문제까지 습관적으로 회피한다면 장기적으로 더 큰 후회를 낳게 된다. 예를 들어 취업이나 이직을 준비하는데 아무 계획 없이 시간만 끌거나, 인간관계에서 '나중에 얘기해야지'란 생각에 계속 미루면 더 큰 문제가 생기기 마련이다.

그렇기에 실생활에서 의사결정을 해야 할 상황이라면 '내가 결정을 미루고만 있지 않은가?' 자각하는 것이 중요하다. 혹시 두려움 때문에 아무 결정도 못 내리고 있다면, 정보를 더 수집하거나 작은 시도를 통해 적극적으로 대처해야 한다. 만약 이전에 회피했다가 좋지 않은 결과를 낳은 경험이 있다면, 이번에는 적극적으로 결정하는 것이 후회를 줄이는 길이다.

감정 손해에 대한 두려움으로 선택을 미루는 것이 아닌, 합리적으로 숙고하고 책임 있게 결정하는 태도가 필요하다.

이는 인간관계에서 갈등을 피하려는 심리와도 맞닿아 있는데, 결정 역시 '내 감정을 지키고 싶다'는 마음이 과도해질 경우 계속해서 미뤄지기 때문이다.

물론 감정을 아끼는 게 무조건 나쁘다고 볼 수는 없다. 지금은 워낙 경쟁과 스트레스가 가득한 시대이기에 자기 보호 차원에서 충분히 이해할 만하다. 다만 감정 소모 회피가 지나쳐 다른 사람을 받아들일 여유가 급격히 줄어드는 건 고민해야 한다. 즉 '내 감정부터 지키자'란 결심에 앞서 그 빛과 그림자가 있음을 알아야 한다.

감정을 아낄수록 자기 보호는 강화되지만, 마음이 점점 좁아지고 다른 사람과의 관계를 맺는 통로가 위축된다. 관계를 아예 끊어버리는 '손절 문화'가 일상화된 결과, 사소한 갈등을 겪어볼 기회조차 사라진다. 심지어 의사결정마저 미뤄버려 작은 문제 하나도 축적되다 보면 나중에는 훨씬 큰 갈등과 후회로 돌아오곤 한다.

그럼 감정을 쓰지 않으면 우리는 무엇을 잃게 될까?

우리는 '펠리컨적 사고'를 떠올릴 필요가 있다. 펠리컨(Pelican) 새는 부리 아랫부분에 있는 피부 주머니를 이용해 먹잇감을 잡는데, 자기보다 먹이가 커도 일단 부리부터 벌린다고 한다. 이를 빗대어 펠리컨적 사고란, 무리해 보이는 일에도 과감하게 도전하는 마음가짐이다.

당연히 시작부터 완벽할 순 없고, 어느 정도 손해와 실패를 감수해야 한다. 그런데도 일단 시도하는 것이다. 실패가 곧 조롱으로 이어질 수 있다는 두려움도 이해된다. 그럼에도 시도 자체가 소중한 이유는, 실패해 보지 않은 사람은 '진짜 위기'가 닥쳤을 때 더 크게 무너질 확률이 높기 때문이다.

작은 실패 속에는 다음 단계로 도약할 '성장의 씨앗'이 숨겨져 있다.

겁을 먹고 계속 계산기만 두드리다가 시작도 못 한다면 '배울 기회'조차 얻지 못한다. 의사결정 회피도 마찬가지다. 미룰수록 불안은 더 커지고, 막상 결정해야 할 때 주어진 시간은 줄어든다. 감정을 온전히 아낀다고 해서, 우리가 원하는 안전지대가 영원히 보장되진 않는다. 어느 순간에는 반드시 위험 부담을 안게 되는 일이 닥친다.

그렇다면 작은 손해나 실패를 감수하더라도 회복 탄력성을 키우는 것이 더 현명하다. 아무것도 하지 않으면 실패 대신 공허함이 남는다.

손해와 실패를 겪더라도 반복적 시도를 통해 '이번엔 조금 나아졌어'란 경험치를 축적할 수 있다.

펠리컨적 사고의 핵심은 결과보다 '시도 자체를 존중'하는 태도다. 큰 물고기를 떨어뜨려도 다음번엔 더 능숙하게 물 수 있다. 중요한 건 실패나 후회가 두려워 선택을 미루기만 하지 않는 것이다. 작은 시도로 인해 경험이 쌓인다면 설령 흉터가 남더라도 그것이 '다음 도전을 위한 자양분'이 될 것이다.

결국 감정 회피나 결정 회피가 극단으로 치닫기 전에 정말 혼자가 좋고, 아무것도 안 하는 게 최선인지 곰곰이 생각해 볼 필요가 있다. 현실에선 모든 걸 안전하게 추구할 순 없으니까. 때로는 펠리컨처럼 부리를 크게 벌려 위험을 무릅써보는 도전이 필요한 이유다.

〈2장〉에는 관계에서 자신의 감정과 기분을 조절하는 것과 상대와 지속적으로 건강한 관계를 유지하는 방법 등을 다룬다. 나와 다른 사람들은 당연히 생각의 차이가 있으며, 그만큼 갈등도 많아질 수밖에 없다. 그런 만큼 서로를 이해하고 존중하되 관계 속에서 '나 자신'을 잃지 않아야 한다.

우울증, 자책,
그리고 남겨진 사람들

현대인의 질병, 우울증

___

　우리는 종종 정체불명의 공허함에 휩싸여 이렇게 생각한다.

'왜 이렇게 우울하지? 딱히 그럴만한 이유가 없는데…'

　아침에 눈 뜨기가 괴롭고, 조금만 움직여도 지치는 느낌이다. 이 세상에서 원하는 걸 성취하고 잘 살기 위해 '열심히' 노력하지만, 세상에 '어두운 필터'라도 끼운 듯한 기분에 우울함이 짙게 깔린다. 그러면서 '혹시 내가 진짜 우울증에 걸린 건 아닐까?'라는 불안감도 스멀스

멀 올라온다.

한편으로는 '그저 내 삶이 엉망이라서 힘든 건 아닐까?' 싶은 생각도 든다. 이를테면 소중한 사람들과의 관계가 끊어졌거나, 미래의 계획은커녕 당장 방 청소조차 손을 놓아버린 상태라면 기분이 가라앉는 건 너무나 당연하다.

그래서 임상 심리학자들은 우울감을 호소하는 내담자에게 이런 질문을 던진다.

"지금 상태가 의학적으로 '우울증'인가요, 아니면 당신의 삶이 여러 이유로 격랑에 빠져 힘들어진 결과인가요?"

누가 봐도 번듯하고 건강한 삶을 사는 것으로 보이지만 겉모습일 뿐, 아침에 일어날 때마다 영혼이 무너지는 것처럼 괴롭다면 일단 우울증을 의심해 볼만하다. 스스로 '나는 괜찮은 인생을 살고 있는데, 왜 이렇게 자꾸 무기력할까?'라고 생각한다면 정신과 전문의나 심리치료 전문가를 찾아 진단과 검사를 받고, 약물치료나 심층상담을 고려해야 한다.

그런데 중증이 아니라면 적절한 영양을 섭취하고, 수면 패턴을 안정화하여 '신체적 회복'을 시도할 필요도 있다. 우울증은 뇌의 생물학적·화학적 불균형과 관련이 깊으므로 어느 정도는 억지로 몸의 리듬을 잡아주는 과정이 필수적이다.

그러나 스스로 생각했을 때 삶 자체가 무참히 망가지고 멘털(Mental)도 부서졌다면, 먼저 그 우울감의 원인을 '내가 처한 환경'에서 찾아야 한다. 모든 인간관계가 끊겨 대부분 나를 미워하거나 아무 관심이 없고, 매일 밤 혼자 술이나 자극적인 무언가에 의존하는가? 그렇다면 그 우울감은 '뇌의 이상'보다 '현실적인 절망감'의 결과일 수도 있다.

누군가는 "그래도 우울증일 수 있지 않나?"라고 의심할 수 있지만, 스스로 "내가 바닥을 치고 있긴 해도 정신의학적 질환은 아닐 것 같아. 그저 내 삶이 너무 힘들 뿐이야"라고 자각한다면 이를 정직하게 인정해야 한다.

자신의 상황을 인정하는 데서부터 '진짜 변화'가 시작된다.

슬픔에서 성장으로

의학적으로 우울증 진단을 받았다면 이에 합당한 치료를 받아야 한다. 그게 아닌 삶의 불행과 힘듦에 지쳐 기분이 저하된 상태라면, 스스로 '내 인생이 너무 엉망이라 느껴질 만큼 어긋난 게 많다'란 사실을 자각하는 게 문제 해결의 첫걸음이다. 허물어진 인간관계, 무너진 자존감, 방치된 집안일, 뒤죽박죽인 생활 패턴 등 '우울의 그림자'에 가려진 요소들을 하나씩 들여다보자.

사소한 부분부터 하나씩 해결한다면 정신적 안도감을 느낄 수 있다.

그러나 누군가는 이렇게 말할 수도 있다.

"내 우울함은 쉽게 해결되지 않아요. 이젠 뭔가를 해낼 의욕조차 없어요."

그럼 어느 정도의 시간이 흐르면 해결할 수 있을까? 물론 시간의 힘은 강하기에 치유 가능성도 있다. 하지만 그 시간을 어떤 태도로 보내느냐가 매우 중요하다. '빨

리 벗어나고 싶다'란 조바심에 애써 슬픔을 밀어내거나 부정한다면 오히려 회복은 지연될 것이다

일반적으로 슬픔은 부정적인 감정으로 여겨지지만 사실 매우 중요한 역할을 한다. 슬픔을 통해 서로를 인식하고 이해하는 기회를 얻기도 하며, 정서적으로 성장할 수 있다. 실제로 슬픔을 경험하고 잘 극복한 사람들이 다른 사람의 감정을 이해하고 반응하는 공감력 크다고 한다.

또한, 슬픔은 곧잘 '사회적 기능'과 연결되어 이야기된다. 우리 인생에서 슬픔은 결코 피할 수 없는 감정이기에 누구나 절망과 상실감에 빠질 수밖에 없다. 이때 슬픔 덕분에 주변에 도움을 청하거나 누군가의 진솔한 위로를 받을 기회가 생기기도 한다.

이전에는 꺼려 왔던 이야기도 마음 문을 살짝 열면 내 주변의 누군가가 '나도 그때 정말 힘들었지'라며 공감해 줄 수 있다. 이런 순간이 바로 슬픔 덕분에 관계 속 경계가 좁혀지는 상징적인 모습이다.

슬픔은 우리를 보다 깊은 곳에서 단단하게 성장하도록

만든다.

실제로 여러 심리학자가 슬픔이라는 감정으로 우리가 고립되지 않고 다른 이에게 손을 내밀도록 진화했을 가능성을 언급했다. 우리는 기쁜 날에는 굳이 누군가에게 기대지 않고도 잘 지낼 수 있지만, 정말 깊은 상실과 고통을 마주했을 때는 누군가의 위로와 도움이 절실해진다.

그러나 자기 내면의 취약함을 누군가에게 보여준다는 건 쉽지 않다. 나약해 보일까 두려워서, 혹은 굳이 말해봤자 아무도 들어주지 않을 것 같아서. 하지만 너무 오랫동안 혼자 있으면 마음 한구석에 자리 잡은 '어두운 생각'이 점점 커진다. 이때 필요한 건 '작은 용기'다.

슬픔을 조금씩 표현하고 공유하면 '사회적 유대(Social Bonding)'라는 견고한 다리가 생긴다. 이 다리는 상실로 무너진 마음을 지탱하는 데 도움 될 뿐 아니라, 다시 삶의 에너지를 되살리는 디딤돌 역할을 한다. 딱 한 명이라도 좋으니 지금 내 옆에 있는 사람에게 '힘들다'라고 말해보는 일. 그 말 한마디가 때론 우리의 삶에 기적 같은 변화를 불러온다.

즉 '관계'라는 끈을 붙잡는 순간 '혼자가 아니다'라는 안도감이 찾아와서다. 이런 작은 용기가 반복되면 '우울감의 벽'은 조금씩 낮아진다. 물론 하루아침에 깊은 상처가 아물지는 않는다. 그러나 '함께 존재한다'라는 확신이 주는 안정감은 전문 치료에 맞먹는 힘을 발휘하기도 한다.

'사회적 유대'는 우리의 마음을 연결하고, 무너진 일상을 하나씩 되찾도록 돕는다.

남겨진 이들의 고통과 상처 치유

베스트셀러 작가이자 임상심리학자인 조던 피터슨 (Jordan Peterson)의 일화를 소개하겠다. 어느 날 한 독자가 피터슨에게 질문했다.

"제 딸은 우울증을 앓고 있습니다. 만약 스스로 생을 마감하려고 결심했다면, 어떻게 그 마음을 바꿀 수 있을까요?"

그러자 피터슨이 대답했다.

"너무 가슴 아픈 일이군요. 저 역시 이 문제를 고민한 적이 있습니다. 제 주변에도 우울증을 겪은 사람이 많았거든요."

잠시 말을 멈추고 깊이 생각하던 피터슨은 자신의 경험을 이야기했다. 과거 피터슨 부모님의 지인 중 손녀를 잃은 할머니가 있었다. 그 할머니는 스스로 목숨을 끊은 손녀를 떠올리며 끝없이 괴로워했다. '내가 더 잘해줬다면', '조금만 더 들어줬다면', '곁에 있었다면'이란 생각에 빠져 자신을 몰아세웠다. 하지만 그 할머니는 정말 따뜻하고 좋은 분이었다.

피터슨은 할머니와 함께 산책하며 조심스레 말을 건넸다.

"남편이 계시죠? 남편과의 관계도 좋으시고요."

할머니가 고개를 끄덕이자 피터슨은 이렇게 질문했다.

"남편에게 '당신은 정말 쓸모없는 할아버지였어요. 손녀를 지켜주지 못했잖아요'라고 말할 수 있나요?"

할머니는 단호하게 '그럴 수 없다'라고 말했다. 그러자 다시 피터슨이 부드럽게 말했다.

"그러면 자기 자신에게도 그렇게 하지 마세요."

사실 자살이 남긴 가장 큰 상처는 '남겨진 사람'에게 나타난다.

* * *

우울증은 정말 무서운 병이다. 우울증의 원인도 너무나 다양하고, 때론 신체적인 질환과도 연결된다. 한 연구에 따르면 우울증은 '염증성 질환'일 가능성이 있으며, 자가 면역 질환과도 관련이 있을 수 있다고 한다. 이렇듯 우울증은 우리가 아는 것보다 모르는 것이 훨씬 많다.

한 가지 분명한 사실은 우울증이 깊어진 사람은 상상할 수도 없을 만큼 어두운 곳으로 가라앉는다. 아무리 노력해도 너무 깊게 우울함에 빠져 있는 사람은 도와줄 방법이 없을 수도 있다. 그러므로 남겨진 사람들이 자책하며 괴로워하는 것은 아무 도움이 되지 않는다. 우리는 자신을 용서할 필요가 있다.

물론 당시를 돌아보면 우리가 잘못한 일들이 있을 수도 있다. 그렇다고 해서 자신을 끊임없이 벌줄 필요는 없다.

우울증에 빠진 사람들은 대개 이렇게 생각한다.

'내겐 희망이 없어. 미래가 보이지 않아. 모든 것이 절망적이야.'

'나는 누구에게도 도움이 안 되는 존재야. 그냥 없어지는 게 나을지도 몰라.'

'지금도 이렇게 짐이 되는데, 앞으로는 더 큰 부담이 될 거야. 가족들에게 더 큰 고통만 줄 뿐이야.'

이런 생각이 합쳐지면 극단적인 선택으로 이어진다. 이럴 때 우리가 할 수 있는 일은 무엇일까? 그들의 말을 들어주고, 도움을 요청하도록 설득할 수 있다. 때로는 치료를 강하게 권할 필요도 있다. 우울증 약은 모든 사람에게 효과적인 것은 아니지만, 어떤 사람들에게는 기적 같은 변화를 불러온다.

우울증은 혼자서 싸우기보다 주변과의 관계 속에서 회복할 수 있다.

물론 우울증 약의 부작용도 있을 수 있지만, 치료를 거부하고 우울증을 방치하는 것의 부작용은 '죽음'뿐이다. 그러니 우울증이 심각한 사람이라면 싸워서라도 치료를 권해야 한다.

"한 달만 복용해 보자. 효과가 있을 수 있어."
"다른 약이 더 맞을 수도 있으니 여러 가지를 시도해 보자."

우리가 할 수 있는 건 그들의 '곁에 있어 주고, 이야기를 들어주고, 개입하고, 이해하려고 노력하는 것'이다. 그러나 결국 각자의 운명은 그 사람만의 것이며, 우리가 모든 것을 통제할 순 없다. 때때로 가족이나 친구처럼 지인의 극단적인 선택은 마치 저주처럼 느껴질 수도 있다. 중요한 건, 그 슬픔을 안고서도 살아가야 한다는 것이다.

그들이 세상을 떠난 후에도 우리는 남아 있는 사람으로서 삶을 계속 이어가야 한다. 그리고 슬픔 속에서도 최소한의 고통을 짊어지고 살아갈 방법을 찾아야 한다.

앞서 자신에게 질문한 독자에게 남긴 피터슨의 말로 마무리하겠다.

"저는 할머니의 손녀를 구할 순 없었습니다. 다만 그 할머니가 자신을 용서할 수 있도록 돕는 것은 가능했죠. 그것이 우리 모두가 해야 할 일 아닐까요?"

사회적 연결은
강력한 치료제다

내 첫 번째 이야기

─────

아버지는 일본인, 어머니는 한국인. 나는 경상북도 안동에서 태어났다. 그러나 이곳에서 오래 머물지는 않았다. 두세 살 무렵까지 외할아버지 댁에서 지내다가 일본 도쿄로 이사했다. 기억이 희미하지만, 아버지와 함께했던 시간은 유복했다. 적어도 그때까지는.

내가 네 살이 되던 해에 부모님은 이혼했다. 그 순간부터 나와 어머니, 단둘뿐인 생활이 시작됐다. 어머니는 밤낮으로 일했고, 나는 유치원 같은 곳에 맡겨졌다. 단순한 유치원은 아니었다. 재워주기도 하는 곳이었는데, 그만큼 어머니는 나를 위해 쉬지 않고 일했다.

하지만 어린 내겐 그것이 '외로움'으로 다가왔다.

초등학교에 입학한 후 잦은 이사가 이어졌다. 1년마다 거처가 바뀌었기에 '새 학교, 새 친구, 새로운 환경'을 겪어야 했다. 당시 내 삶에는 '정착'이라는 개념이 없었다. 그러다가 2년 동안 머물게 된 곳이 생겼다. 처음으로 익숙해질 수 있겠다는 안도감이 들었는데, 그 순간 한국으로 돌아가야 한다는 이야기를 들었다.

황당했다. 아니, 당혹스러웠다. 나는 내가 일본인인 줄 알았다. 태어나서 줄곧 일본에서 살았고, 일본어를 쓰며, 일본인 친구들과 함께 지냈다. 그런데 갑자기 '한국으로 가야 한다고?', 심지어 '내가 한국인이었다고?' 어린 나이에 받아들이기엔 너무 큰 충격이었다. 혼란스러웠다.

내 정체성이 무엇인지도 모른 채, 나는 한국행을 앞두고 있었다.

그날 밤, 나는 가출을 결심했다. 손에 쥔 건 1만 엔. 어머니가 잠든 틈을 타 조용히 집을 빠져나왔나. 밑을 구석은 단 하나, 친구들이었다. 비록 12살짜리 아이의 단순한 계산이었지만, 내겐 그것이 유일한 희망이었다. 더 이상 이사 없이 '같은 곳'에 머물 수 있다면, 좋은 친구들과 함께할 수 있다면, 나는 어디든, 무엇이든 버틸 수 있었다.

친구들은 내 가출 계획을 듣고는 깜짝 놀라면서도 순수한 약속을 건넸다. "네가 정말 가출한다면, 우리가 먹을 것 가져다줄게!" 그 말이 왠지 모르게 따뜻하게 들렸다. 철없는 아이들이었지만, 지금 돌아보면 그 순수함이 그리워진다. 누구보다도 순수하게 나를 믿고 걱정해주던 아이들.

나는 그 시절의 나 자신도, 그 친구들도 여전히 사랑스럽게 기억한다.

내 두 번째 이야기

10대 시절, 가난은 내게 그림자처럼 따라다녔다. 당장 잘 곳이 없거나 노숙해야 할 정도는 아니었지만, 돈이 없는 상태였다. 집은 좁았고, 바퀴벌레가 득실거렸다. 교통카드에 충전된 돈을 편의점에서 현금으로 바꿔 걸어 다녔고, 없는 돈을 쥐어짜 바퀴벌레 퇴치약을 사는 게 내 생활의 일부였다. 가장 맛있는 음식은 라면이었고, 먹는 것, 자는 곳, 인생 모든 게 마음에 안 들었다.

우리 집은 국가에서 '기초수급자'로 지정된 가정이었다. 가난이 일상이 되자 나는 가장이 되어야 한다는 책임감보다도 주변의 시선에 대한 분노와 짜증이 앞섰다. 부모님에 대한 원망도 자연스럽게 따라왔다.

그러나 난 환경을 탓하며 내 인생을 결정짓고 싶지는 않았다.

음악을 하고 싶다는 꿈이 생겼고, 그 꿈을 위해 신문 배달을 시작했다. 새벽에 배달을 마치고 학교에 가면서 번 돈으로 한 달 15만 원짜리 보컬 학원 기초반에 등록했다. 그곳에서 한 선생님을 만났다. 처음으로 노래를 배우는 설렘 때문인지, 아니면 선생님이 유쾌해서인지, 학원에서의 시간은 유독 즐거웠다. 트레이닝에 진지하게 임하면서도 작은 것 하나에도 웃을 수 있었다. "너는 이게 왜 웃기니?" 선생님은 장난스러운 표정으로 말씀

하셨다. 그분과의 수업은 내게 처음으로 외로움과 우울감을 잊게 해줬다.

힘든 현실에서도 좋아하는 일을 하며, 그 일과 관련된 사람을 만나니 삶이 조금은 더 견딜 만해졌다.

학원에 다니는 돈을 직접 벌었기에 수업 시간 외에도 열심히 질문했다. 그중 하나는 지금도 기억에 남는다. 당시 내게는 정말 중요한 고민이었다.

"꿈을 이루기 위해 연애를 포기해야 할까요?"

선생님은 웃으며 답했다.

"꿈과 연애를 이분법적으로 나누는 건 의미 없어. 중요한 건 네가 진짜 원하는 게 뭔지 아는 거야. 실행하지 않는 나태함이 문제지, 연애 자체가 문제가 되는 건 아니야."

나는 감사 인사를 하며 '생각이 짧았어요'라고 말했다. 그때 선생님은 나를 보며 이렇게 말씀하셨다.

"힘찬이가 나를 넘어서고, 좋은 스승이 돼서 또 다른 사람들에게 좋은 영향을 주는 날이 와야지."

그때 나는 말도 안 된다고 생각했다. 내가 누군가에게 도움을 준다고? 영향을 미친다고? 상상조차 못 했다. 하지만 그 말은 현실이 되었다. 지금 돌아봐도 10대 시절 가장 기억에 남는 스승을 꼽으라면 단연 이 선생님이다. 여전히 감사한 마음을 전하고 싶다.

'오정택 선생님, 감사합니다.'

작은 연결이 결국 큰 힘이 된다

나는 지금도 가끔 그 시절의 '친구들'과 '나의 스승'을 떠올린다. 그러면서 그들에게 '지금의 나'로서 고마움과 감사함을 전하곤 한다. 사람들은 저마다 처한 환경이 다르고, 만나는 사람도 다르다. 억지로 관계 유지를 할 필요는 없다.

그러나 가족, 친구, 동료, 스승 등 그 누군가가 됐든, 결국 '강한 유대'는 우울감이나 우울증을 극복하는 데 중요한 역할을 한다.

그렇다면 어떤 사람들이 우울증에 걸릴 확률이 높을까? 영국의 한 연구팀이 성인 4,878명을 대상으로 실험한 결과 두 가지 사실을 알 수 있었다.

첫째, 사회적 지지가 부족할수록 우울증에 걸릴 확률이 높다.
둘째, 우울증을 앓고 있는 사람은 회복될 가능성이 낮다.

이러한 결과는 '사회적 고립'은 만성 우울증의 위험 요소이지만, 반대로 지지적인 관계를 형성하면 회복 가능성이 높아진다는 점을 보여준다. 수많은 연구 결과와 임상 실험, 논문 등을 찾아봤지만 핵심은 한 가지였다. 또한, 내가 앞서 나의 이야기를 한 것도 같은 맥락이다. 바로 이 메시지를 전달하기 위함이다.

사회적 관계를 강화하는 것이 우울증을 극복하는 효과적인 방법이다.

우울증은 혼자서 싸우기보다, 주변과의 관계 속에서 회복될 가능성이 높아진다. '사회적 연결'은 강력한 치료제인 셈이다.

마지막으로, 나의 10대 시절 이야기를 소개하겠다. 집도 학교도 전부 도망치고 싶었던 어느 날 오후, 나는 버스 정류장 한구석에 웅크리고 앉아 있었다. 그때 말없이 내 옆에 앉아준 친구가 있다. 그 친구는 아무 말도 하지 않았고, 그저 내게 귤 하나를 건넸다. 그 순간 내 마음에 스며든 감정은 '그래, 나는 혼자가 아니구나'였다. 파도처럼 밀려오던 절망이 잠시 멈칫했고, 그 작은 멈춤이 내가 다시 일어설 수 있는 발판이 되어주었다.

사람과 사람의 연결은 생각보다 단순하게 시작된다.

'어디가 아프니?'라는 작은 걱정에서, '우리 같이 밥 한 끼 할까?'라는 제안에서, 혹은 '그냥 네 옆에 잠시 있어 줄게'라는 미약하지만 진솔한 태도에서. 우울감은 마음을 자꾸 고립시키지만, 그 고립을 깨는 건 때론 아주 작은 연대의 손길이다. 그 '작은 연결'도 당신에게 구명줄이 되어줄 수 있음을 잊지 말았으면 한다.

관계에서 '나만의 경계'를 설정하라

고대 그리스의 철학자 아리스토텔레스(Aristoteles)는 '인간은 사회적 동물이다'라고 말했다. 맞는 말이다. 2천여 년 전이나 지금이나 우리는 혼자서는 완전한 삶을 살 수 없으며, 다른 사람들과 '관계'를 맺으며 살아갈 수밖에 없다. 그런데 여기서 관계란 '서로 이해하고 공존하는 관계'를 뜻한다.

물론 건강한 관계를 유지하기 위해 상대와 가까이 있어야겠지만, 너무 그 관계에 몰입하다 보면 자칫 자신을 돌아볼 기회를 잃기 쉽다. 따라서 가끔은 '나만의 시간'이 필요하며, 모든 관계에서 어느 정도의 경계(거리감)가 필요하다.

또한, 만약 상대와의 관계가 기울어져 있다면 용기 있게 자기 목소리를 낼 수 있어야 한다. 간혹 관계 유지를 위해 '예스(Yes)'만 하는 사람을 볼 수 있는데, 무조건 예스만 했다가 큰 낭패를 겪는 일도 많다.

진정한 관계를 맺으려면 '예스(Yes)'뿐 아니라, '노(No)' 할 수도 있어야 한다.

예스 오어 노(Yes or No), 당신의 선택은?

사람들과의 관계에서 변하는 모습을 다룬 〈예스맨(Yes Man)〉이란 영화가 있다. 짐 캐리(Jim Carrey)가 주인공 칼로 열연한 〈예스맨〉은 모든 일에 '예스'라고 대답하면서 벌어지는 상황을 코믹하지만, 때론 그 감정을 무게감 있게 다룬 영화다.

주인공 칼은 아내와 이혼 후 모든 것에 부정적인 태도로 인해 삶이 정체된 상태였다. 매일 그를 찾는 친구의 연락도 피하고, 모든 초대를 거절하며 새로운 기회를 받아들이지 않았다. 그저 최소한의 인간관계를 유지하며 살아가고 있었다. 그러던 어느 날, 칼은 무조건 '예스'라고 말하는 삶을 살라는 강연에 참석하고, 이후 '예스'가 정말 인생을 바꿀 것이라는 생각에 모든 요청에 무조건 '예스'하는 삶을 살게 된다.

처음에는 정말로 인생이 바뀌기 시작한다. 직장에서는 승진하고, 친구들과 더 가까워졌으며, 삶 속 흥미진진한 경험을 통해 새로운 사람들과 관계를 맺는다. 즉 '예스'라고 말함으로써 긍정적인 변화를 경험한다. 그러나 칼은 모든 요청을 받아들이는 것이 반드시 좋은 결과를 가져오는 건 아니라는 사실을 점차 깨닫는다. 즉 무조건 '예스'라고 말하는 건 자기 감정과 필요를 무시한 채 다른 사람의 기대에 맞춰 행동하는 것이었다.

모든 것에 '긍정의 대답'이 중요한 건 아니다.

그렇다면 실제 삶에서 우리가 '예스'만 한다면 어떤 일이 벌어질까? 부정적인 태도에서 벗어나면 새로운 가능성이 펼쳐진다. 그러나 '경계(Boundary)'가 약한 삶은 결국 자신을 지치게 만들고, 내면의 분노를 쌓이게 한다. 특히 '거절'에 약한 사람이라면 더더욱 그렇다. 〈예스맨〉에서 칼이 깨달았듯이 '경계 설정'은 스스로를 보호하는 중요한 기술이다.

어쩌면 영화 〈예스맨〉 속 칼의 모습에 우리가 빠져드는 건 자신의 모습이 투영되어서가 아닐까? 처음에는 '예스(긍정)'라고 말하며 새로운 기회를 얻었지만, 점점 감당할 수 없는 상황에 빠지듯이, 우리도 때론 관계 속에서 불합리한 요청을 거절하지 못하는 경우가 많지 않은가.

'노(No)'라고 말한다고 해서 무조건 부정적인 것이 아니다. 자기 자신을 우선할 줄 알아야 한다. 모든 부탁을 들어주는 것이 관계를 더 좋게 만들지도 않는다.

중요한 건, 내가 진정으로 원하는 것과 필요를 아는 것이다.

관계 속 '경계 설정'이란, 내가 '할 수 있는 것'과 '할 수 없는 것'을 명확하게 정하는 과정이다. 왜냐, 우리는 타인을 통제할 수 없기 때문이다. 예를 들면 "공공장소에서 나한테 소리 지르면 그 자리를 떠나거나 함께 있지 않겠다"라고 말하는 게 경계를 설정하는 것이다. 이는 상대를 통제하려는 게 아니라, 내가 감당할 수 있는 선을 분명히 알려주는 것이다.

경계의 핵심은 상대에게 '이렇게 하지 마!'라는 요구가 아니라, '나는 이렇게 하겠다'라고 관계를 설정하는 것이다.

관계에는 적당한 거리가 필요하다

앞의 이야기를 통해 관계에서 상대에게 무조건 맞추는 건 잘못이라는 사실을 알았을 것이다. 모든 관계에는 서로 적당한 거리가 필요하며, 내 안에 경계를 설정해야 한다. 이 경계를 기준 삼아 모든 것을 받아들이는 것이 아니라, 자신의 가치와 필요에 맞는 것만 선택적으로 받아들여야 한다.

그렇다면 '내 안의 경계'를 세우지 못했을 때 어떤 일이 벌어질까? 구체적인 사례를 들며 설명하겠다. 다음 사항에 따라 자신의 '내면 경계'를 점검해 보는 것도 좋다.

(1) 의사결정을 내리기 어렵다

다른 사람의 기대에 맞춰 살아온 시간이 길어지면 정작 자신이 원하는 것이 무엇인지 알기 어려워진다. '이 선택이 정말 옳은가?'라는 의문이 들면서 망설이게 된다. 자신의 욕구와 남들의 기대 사이에서 갈등하다가 결국 결정을 미루는 상황이 반복된다.

(2) 'NO'라고 할 때 죄책감을 느낀다

관계에서 선을 긋는 행동(경계 설정)을 스스로 이기적이라고 여긴다. '내가 너무 냉정한 것은 아닐까?'라는 생각에 부담을 느끼면서도 결국 상대의 부탁을 들어준다. 그러다가 감당할 수 없는 상황에 부닥치기도 한다. 건강한 경계는 자신뿐만 아니라 타인을 위해서도 필요하다. 경계를 설정하지 않으면 끝없이 타인을 위해 희생하게 되고, 결국 소진될 수밖에 없다.

(3) 잘잘못 상관없이 무조건 사과한다

나의 잘못이 아닌데도 무조건 사과하는 습관이 있다. 관계 속에서 누군가 불편해할까 봐, 또는 '내가 민폐를 끼치는 것은 아닐까?' 하는 불안감 때문이다. 그러나 지나치게 사과하는 것은 오히려 자신을 깎아내리는 행동이 될 수 있다. 사실 다른 사람을 만족시키려는 행동이 자신의 불안을 감추려는 무의식적 조작일 수도 있다.

심리학에 피플 플리저(People Pleaser)란 말이 있다. 다른 사람을 만족시키기 위해 자신의 감정과 행동을 억제하고 맞추는 사람을 뜻한다. 피플 플리저에서 벗어나려면 모든 사람에게 맞추는 것이 나의 역할은 아니라는 점을 기억하고, 다른 사람들이 실망했다고 해서 내가 잘못한 것은 아니라는 것을 인지해야 한다.

(4) 정보 공유의 기준이 모호하다

다른 사람에게 너무 많은 것을 공개하거나, 아예 공유하지 않는 극단적인 방식을 취한다. 이렇게 '경계 설정'

을 못하면 어디까지가 내 영역인지가 모호해진다. 이에 따라 불필요한 사생활이 노출되기도 하고, 반대로 꼭 필요한 소통이 차단될 수 있다. '건강한 경계'란 신뢰를 쌓아가면서 적절한 속도로 정보를 공유하는 것이다.

(5) 불만을 우회적으로 표현한다

자신의 불편한 감정을 상대에게 직접적으로 표현하지 못하고 돌려서 말한다. 이것을 수동적 공격성(Passive Aggressiveness)이라 하는데, '좋은 사람'으로 보여야 하기에 겉으로는 순응해도 내면적으로 불만이 가득하다. 예를 들면 가고 싶지 않은 모임에 일부러 늦게 가거나, '배고프다'라고 직접 말하지 않고 냉장고 문을 반복해서 여닫으며 눈치를 주는 경우가 해당한다. 이러한 행동은 갈등을 피하려는 심리에서 비롯된다. 건강한 관계를 위해 솔직하게 자기 감정을 표현해야 한다.

(6) '나'라는 존재가 불분명하다

다른 사람의 감정과 목표에 휩쓸리며 자신을 잃어버린다. 이러한 현상을 심리적 집착(Psychological

Enmeshment)이라고 하는데, 상대방과 감정적으로 지나치게 얽혀 정체성과 불안감을 초래하는 상태를 의미한다. 주로 가족이나 연애, 친구 관계 등 가까운 사이에 나타나며 개인이 독립적인 정체성을 유지하기 어렵다.

예를 들어 연애할 때 상대에게 모든 걸 맞추면 혼자 있을 때 심한 불안감을 느끼거나 상대를 통제하려 한다. 또 관계가 끝나면 자신의 정체성을 상실하게 된다. 부모가 자녀에게 몰입하다가 아이들이 독립하면 '나는 누구인가?' 혼란을 겪는 것도 마찬가지다. '내면의 경계'가 불분명할수록 다른 사람의 영향을 더 쉽게 받는다.

(7) 거절당하는 것을 두려워한다

상대가 나를 싫어할까 봐, 혹은 버림받을까 봐 상대가 원하는 행동을 지속한다. 이로 인해 타인의 인정과 칭찬에 지나치게 의존하게 된다. 학업, 직장 생활, 대인관계에서 불안을 느끼게 된다.

모든 사람은 저마다의 '심리적 경계선'이 있기에 서로 존중하며 각자의 경계선을 지켜줘야 마땅하다. 그러나 누군가에게 침범당하면 상처 입을 수밖에 없다. 자신에게 적합한 '심리적 경계선'을 설정한다면 설령 거절당해도 덜 아프고 건강한 관계를 유지할 수 있을 것이다.

(8) 분노와 원망을 억누른다

우리 삶에서 원망은 자연스럽게 찾아온다. 그러나 관계 속에서 항상 희생하는 역할만 하다 보면 억울할 뿐 아니라, 그로 인한 분노와 원망이 쌓인다. 예를 들면 나는 바쁜 상황에서도 친구의 부탁을 거절하지 못하고 도와줬는데, 같은 상황에서 내가 부탁했을 때 그 친구가 '바빠서 안 된다'라고 거절하면 속이 상한다. 문제는 이러한 감정을 마음속에 담아두면 더 무겁고 힘든 삶을 살아야 한다는 것이다. 경계를 설정하는 것은 자신의 몫이다. '싫은 것은 싫다'라고 분명하게 표현하는 것이 필요하다.

(9) 늘 피곤하다

다른 사람들을 챙기느라 애쓰면서 정작 자신을 위한 시간은 부족하다. 일과 육아를 병행하거나 자신의 책임이 클수록 더욱 심해진다. 이런 상황이 지속되면 기진맥

진한 상태에서 온종일 피곤함을 느낀다. 그러나 모든 것을 혼자 감당할 필요는 없으며, 자신을 돌보는 것도 중요하다. 충분한 휴식을 취하고, 필요할 때는 도움을 요청하는 것이 현명한 방법이다.

(10) 인간관계가 힘들다

우리는 태어난 순간부터 가족, 친구, 연인, 동료 등 다양한 인간관계를 맺고 살아간다. 인간관계는 삶 그 자체이기에 힘들 수밖에 없다. 물론 나와 취향이나 가치관이 비슷한 사람과는 공감대나 유대감을 형성할 수 있지만, 경계가 없으면 처음엔 좋았던 관계도 불편해지거나 갈등이 잦아지고, 결국 감정이 폭발하는 순간이 찾아온다. 건강한 관계를 지속하려면 경계를 설정하는 것은 필수적이다. 더 이상 타인의 기대에 맞추는 것이 아니라, 자신을 위해 선택해야 한다.

★ ★ ★

여기까지 읽었으면 이런 생각이 들 수 있다.

'그러니까 거리를 두라는 얘기 아냐?'

'더는 감정 소모하고 싶지 않으니까.'

그게 아니다. 인간의 마음은 계산은 하되 기계처럼 설계된 것이 아니어서 '설정'하면 해결되는 것이 아니다. 물론 인간에게는 '학습'이라는 뛰어난 능력이 있지만, 시시각각으로 움직이는 '마음'을 알 수 없기에 우리는 매 순간 매번 고민하는 것이다.

개인심리학(Individual Psychology)을 창시한 알프레드 아들러(Alfred Adler)는 "인간관계는 우리 존재의 핵심이지만, 고민의 근원이다"라고 말했다. 그렇기에 당신의 가족, 친구, 동료 등 가까운 관계일수록 '경계'가 필요하다고 말해주고 싶다.

한 가지 확실한 건, '경계'를 세운다고 누군가에게 상처를 주는 행위가 아니다.

흔히 '경계'를 오해하는데, 이는 차갑거나 모질게 행동하라는 뜻이 아니라, 뜻밖의 사고나 잘못되는 일이 생기지 않도록 미리 조심하라는 의미다. 그러나 일상에선 다른 사람에게 차갑고 매몰차게 보이고 싶지 않은 마음이 강하다. 보통 '예스'라 말하고 행동하면 친절하고, 따뜻하며, 좋은 사람으로 치부한다. 반대로 '노'라고 거절하면 이기적이며, 상대를 거부하는 차가운 행동과 연관 짓는다.

이것은 잘못된 해석이다. 왜냐, 우리는 사랑을 가득 담아 '예스'라고 말하지만, 불평불만을 숨긴 채 억지로 '예스'라고 말할 수도 있다. 마찬가지로 화가 나고 짜증이 나서 '노'라고 하는 게 아니라, 비록 거절은 하지만 그 이유를 명확히 밝히면서 사랑을 담아 '노'라고 할 수도 있다.

'예스(Yes)'라고 말하며 호의적으로 행동할 수도 있지만, 아닐 수도 있다.

즉 선의(善意)의 행동이나 말을 하더라도 그 속마음은 다를 수 있다. 아마 당신도 이런 경험이 있을 것이다. 중요한 건 말을 하는 나 자신의 '마음'이다.

건강한 관계를 위해
필요한 경계 6가지

앞 장에서 밝힌 것처럼 건강한 관계를 위해 경계 설정은 필수다. '인간관계 경계 설정'. 언뜻 생각하기에 당연한 것 같지만, 실제 삶에서 '경계'를 지킨다는 것이 막상 생각만큼 쉽지 않다. 특히 한국처럼 서로 간 정(情)을 중요시하는 사회 문화에서는 '적당히 맞춰 주고 양보해야지'라는 마음이 팽배하기에 나 역시 지칠 때가 많았다.

예를 들면 명절 때 친척들이 "결혼은 언제 할 거니? 직장은 언제 옮기니? 너 살 좀 빼야 하는 거 아니니?"처럼 막무가내로 물어올 때마다 나는 사실 마음의 여유가 하나도 없음에도 괜스레 웃어넘기거나 그냥 받아주곤

했다.

게다가 직장에서는 선배나 상사가 "술 좀 마셔봐! 여기서는 다 같이 해야지!"라고 하면, 사실 몸이 안 좋거나 마음이 내키지 않아도 거절하지 못하고 억지로 마시게 된다. 이런 순간들 속에서 우린 '대체 내 의견은 어디쯤 있는 거지?'하고 스스로에게 물을 수밖에 없다.

그러나 이때 경계를 제대로 세운다면 다른 사람에게 무조건 맞춰야 한다는 부담감에서 조금은 자유로워질 수 있다. **경계 설정의 시작은 '내가 감당할 몫과 다른 사람의 몫을 분명히 아는 것'이다. 이후 '이제 내 삶은 내가 지키겠다'란 마음이 들 때 비로소 상처받고 지치는 일이 줄어들 것이다.**

건강한 관계를 위해 필요한 6가지 경계를 소개하겠다.

(1) 신체적·환경적 경계

'신체적 경계'는 말 그대로 내 몸에 대한 기준이다. 누가 다가올 수 있고, 어떤 상황에서, 얼마큼의 신체 접촉을 내가 허락할 수 있는지 등을 포함한다. 또한, '환경적 경계'는 내가 사는 공간(집, 방, 책상 등)이나 물건을 보호하는 것과 관련이 있다. 가령 지하철에서 탑승객들이 밀려들어 몸이 밀착되거나, 회사 동료가 "친하니까 괜찮지?"라며 내 물건을 함부로 만질 때 심한 거부감을 느낄 수 있다. "이정도 가지고 뭘…"이라 말할 수 있지만, 내가 원하지 않는 접촉이나 침범은 분명히 불편함을 준다.

이럴 때는 어떻게 말하면 좋을까?

"저, 지금 좀 덥고 답답해서요. 잠깐만 거리를 둘 수 있을까요?"

"제 물건이라서요. 괜찮다면 다음부턴 먼저 물어봐 주시면 좋겠어요."

물론 이런 말을 건네기가 어색하고, 혹시 상대가 기분 나빠할지 걱정될 수 있다. 하지만 몇 번 연습하다 보면 점점 익숙해지고, 다른 사람도 '아, 이 사람은 이런 선이 있구나' 하고 알게 된다.

(2) 감정적·정서적 경계

'감정적 경계'는 다른 사람의 감정을 내가 과하게 떠

안지 않는 것이다. 주변에 보면 "네가 안 들어주면 나 너무 힘들어"라며 끊임없이 기대거나 비난, 모욕, 위협 등 비언어적 행위를 통해 '정서적 학대'를 하는 사람이 있다. 이를테면 가족 중 누군가가 너무 힘들어서 매일 전화해 울고불고한다면, 처음엔 '그래, 가족이니까 들어 줘야지'라고 버티지만, 어느 순간 '나도 감정적으로 너무 지친다'라는 깨달음이 온다. 실제로 마음의 여유가 없는 상태에서 누군가의 감정을 전부 떠안으면, 내 에너지도 바닥나기 쉽다.

이런 상황에서는 어떻게 말하면 좋을까?

"네가 아주 힘든 건 알겠는데, 나도 요즘 여유가 별로 없어서 네 말을 다 받아주긴 어려워."

"조금만 쉬었다가 다시 이야기하면 좋겠어. 지금은 나도 벅차."

처음에는 차갑게 들릴지 모르지만, 내가 감정적으로 무너지지 않으려면 꼭 필요한 선이다.

(3) 대화의 경계

'대화의 경계'는 상대가 나에게 무슨 내용을, 어떤 말투로 이야기해도 되는지에 대한 기준이다. 만약 상대가 예민하게 굴거나 "넌 왜 그렇게 생각하냐? 넌 틀렸어" 같은 평가절하나 비난조의 말을 반복하면 대화가 아닌 감정소모전이 될 수 있다. 특히 직접적인 표현 대신 말 끝마다 비꼬거나, 넌지시 비난할 때도 있다. 예를 들면 "야, 너 또 살쪘냐? 너 그러다 시집 못 간다?" 같은 말은 우스개 농담처럼 들릴 수 있지만, 듣는 사람에겐 매우 기분이 나쁜 일이다.

이럴 땐 어떻게 말해야 할까?

"네가 그런 식으로 말하면 날 존중하지 않는다고 느껴. 네 말투를 조금 바꿔주면 안 될까?"

"내 외모 얘기는 장난이라도 듣고 싶지 않아. 나도 신경 쓰고 있는 부분이거든."

"고맙지만, 조언은 나중에 필요할 때 내가 먼저 물어볼 게."

처음엔 살짝 불편한 침묵이 흐를 수도 있지만, 내가 말하지 않으면 상대는 계속 같은 패턴으로 대화를 시도할 가능성이 크다. 내가 괜찮지 않은 걸 '괜찮지 않다'라고 알려주는 것, 그게 '내 경계'를 지키는 첫걸음이다.

'정신적 경계'는 관계에서 서로의 생각이 달라도 각자의 생각을 인정하는 것이다. 즉 같은 문제여도 '나는 이런 생각을 하지만, 너는 다른 생각을 할 수도 있다'라고 여기는 것이다. 예를 들면 부모님이 나에게 "결혼은 꼭 빨리 해야 한다", "안정적인 직장을 택해야 한다"라고 강하게 말하지만, 나의 가치관은 다를 수 있다.

이런 상황에선 어떻게 말하면 좋을까?

"엄마(아빠)가 그렇게 걱정하는 이유는 알겠어. 그런데 나는 내 가치관대로 살고 싶어."

"우리 의견이 다르지만, 그걸로 서로 비난하진 않았으면 해."

"난 그렇게 생각하지 않아. 서로 다른 생각일 뿐이야."

상대가 내 생각을 무시하며 "네가 틀렸어"라고 말하면 자연스럽게 불쾌감이 생긴다. 하지만 내가 "그래도 내 생각은 이렇다"라고 분명히 말해두지 않으면, 상대는 계속 내 선택지를 좌지우지하려 들 것이다. 끊임없이 설득하려 들지 말고, '우린 각자 다른 길을 선택할 수 있다'라는 태도를 보이는 게 중요하다.

'시간의 경계'는 한정된 내 '24시간'을 어떻게 분배할지 결정하는 것이다. 예를 들어 직장 상사가 퇴근 후에도 계속 전화를 걸어 "이 일 좀 빨리 처리해 줄 수 있어?"라거나, 친구가 "지금 만나서 내 얘기 좀 들어줘!"라고 요구할 수 있다.

사실 한국에서는 내가 아무리 바빠도 상대가 요청하면 시간을 내주는 게 미덕이라는 분위기가 있다. 문제는 그걸 무리해서 따르다 보면 정작 중요한 순간에 내 몸과 마음이 견디지 못하게 된다.

이럴 때는 어떻게 말하는 게 좋을까?

"지금은 통화할 수 있어도 10분 정도밖에 못 해요. 곧 할 일이 있거든요."

"약속 잡아주셔서 감사해요. 그런데 이번 주엔 제가 쉬어야 할 것 같아요."

"늦을 거면 꼭 미리 알려줘. 나도 기다리는 시간이 힘들어서."

이렇듯 내가 정말 피곤하고 쉬고 싶다면, 정중하지만 확실하게 거절할 수 있어야 한다. 이러한 '경계'는 내 시

간이 소중하다는 사실을 상대에게 분명히 알리는 일이
기도 하다.

'관계의 경계'는 상대가 나를 어떻게 대할 수 있고, 또
어떤 부분은 허용되지 않는지 분명히 하는 것을 뜻한다.
특히 가까운 관계일수록 서로의 공간과 감정을 존중해
야만 건강한 관계를 유지할 수 있다. 가족이나 연인이니
까 무조건 모든 걸 이해해야 한다고 생각하면, 내가 견
디기 힘든 상황도 억지로 넘기게 된다.

예를 들어 연인이 자꾸 내 휴대폰을 몰래 뒤져본다거
나, 친구가 나에 관한 얘기를 떠벌린다면 분명히 선을
그어야 한다. 이럴 땐 다음과 같이 말하자.

"아무리 친해도 내 일상 전부를 공유하고 싶진 않아. 네
가 이해해 줬으면 좋겠어."

"내 이야기를 다른 사람에게 함부로 말하는 건 싫어. 서
로 신뢰가 깨진 느낌이야."

"나한테 힘든 거 있으면 솔직히 말해줘. 그냥 쌓아뒀다
터뜨리면 나도 당황스럽거든."

이렇게 내 의사를 명확히 표현해야 관계에서 생기는 상처나 오해를 줄일 수 있다.

* * *

지금까지 관계 속에서 필요한 경계 6가지를 살펴봤다. 누군가는 이렇게 말할지도 모른다.

"좀 유연하게 넘어가면 좋잖아?"

"네가 너무 예민한 거 아니야?"

그렇지 않다. '경계'란 남을 배척하기 위한 게 아니라, 오히려 서로를 더 존중하기 위해 필요한 울타리다. 내가 어디까지 감당할 수 있고, 어디부터는 어려운지 알려줘야 상대도 그 선을 넘지 않을 수 있다.

처음엔 거절하는 것도 불편하고 "내가 이래도 되나?" 싶어 죄책감이 들 수 있다. 그러나 한 번 두 번 연습해보자. 상대가 "왜?"라고 되물어도 "난 이게 불편해. 나를 위해서 이렇게 하고 싶어'라고 말할 수 있게 되면, 그 관계는 더 편안해지고, 나 자신도 훨씬 자유로워진다.

경계를 설정하는 건, 내가 나를 포기하지 않고, 타인과 더 건강하게 함께하기 위한 기술이다.

이 한 문장만 기억해도 분명 지금의 삶이 조금씩 달라지기 시작할 것이다.

선을 넘는 '관계의 함정'에서
벗어나라

우리는 삶 속에서 다양한 관계를 맺으며 살아가기에 상대의 태도에 일희일비하면 이리저리 휘둘릴 수밖에 없다. 특히 가까운 사이일수록 '나를 위한다'라는 명목으로 간섭과 통제가 일어나며, 결국 서로 가깝다고 생각했지만, 왠지 모르게 불편하거나 점점 관계가 멀어지는 일도 많다.

앞 장에서 우리는 '경계란 무엇이며, 왜 필요한가'에 대해 살펴보았다. 이제 그 흐름을 이어 구체적인 인간관계에서 '어떻게 경계를 설정할 수 있는가'를 나누고자 한다. 물론 각 상황은 단순하지 않지만 '구체적인 문장'을 익히고 실제 활용해 본다면 좋은 결과를 얻을 수 있다. **내 눈앞의 난관을 정중하면서도 단호하게 헤쳐 나가는 길, 그것이 바로 '관계의 경계'를 세우는 핵심 원리이다.**

관계별 상황에 적합한 구체적인 문장을 소개하겠다.

부모와 경계를 설정할 때

우리는 부모님에게 늘 감사한 마음을 가지고 있지만, 점점 나이가 들면서 '독립적 존재'로 성장한다. 그럼에도 부모님은 여전히 자녀를 '어린아이'처럼 여기기에 우리의 사소한 문제부터 진로, 결혼 등 모든 것에 깊이 간섭하거나 잔소리할 때가 있다. 이때 아무리 사랑하는 부모님이라 해도, 내 삶의 주도권은 나에게 있음을 부드럽게 보여줄 필요가 있다. 그렇게 해야 부모 자녀 간 건강한 관계가 이뤄지며, 불필요한 갈등을 피할 수 있다.

예를 들어 직장을 선택하거나 결혼 상대에 대해 고민할 때, 혹은 그저 휴일에 쉬는 방식조차 "네가 그렇게 하면 안 되지!"라며 부모님이 강하게 관여할 수 있다. 처음에는 '부모님이 나를 생각해서 하는 말이니까'라며 참아 넘기지만, 반복되면 내 의지가 존중받지 못한다는 생각에 속상하고, 때로는 죄책감과 짜증이 동시에 밀려온다.

어떻게 하면 부모님을 상처 주지 않으면서도 내 결정을 지킬 수 있을까?

① 감사와 존중을 표명한다.

"엄마(아빠), 제가 어떤 길을 가든지 많이 걱정해 주시고, 조언해 주셔서 정말 감사해요."

상대의 노력을 인정하면 대화의 문턱이 낮아진다.

② 내 결정의 이유를 간단히 설명한다.

"제가 이렇게 결정한 건, 제 가치관과 방향성이 이렇기 때문이에요. 이번에는 제가 직접 경험하고 배우고 싶어요."

③ 관계의 '경계'를 설정한다.

"엄마(아빠)가 나를 생각하는 마음은 알지만, 이 문제는 제가 선택하고 책임져야 하는 부분이에요. 존중해 주시면

좋겠어요.**"**

④ 스스로 죄책감을 줄인다.

혹시 마음이 쓰인다면 **"부모님에게 '아니오'라고 말하는 건, 내 인생을 스스로 책임지겠다는 선언이다"**라고 자신을 다독여라.

만약 부모님이 계속 간섭한다면, **"제가 고민이 생기면 꼭 여쭤볼게요. 지금은 일단 제 방식대로 해보고 싶습니다"**라고 선을 긋자. 그래도 대화가 길어진다면, **"잠시만요, 지금은 좀 마음이 힘드니 이 얘기는 그만하고 싶어요. 이해 부탁드립니다"**라고 대화 중단 의사를 분명히 밝혀라.

부모님 세대와 우리의 세대 간에는 가치관 차이가 존재하기에 한두 번의 대화로 달라지지 않을 수 있다. 그러나 애정과 존중을 전제로, '내가 스스로 결정하겠다'라는 메시지를 꾸준히 전달하면, 부모님도 점차 나의 의지를 깨닫고 인정하게 된다. 부모와 자녀 간에도 독립된 영역이 필요하며, 그렇게 서로 성숙한 관계가 되어갈 때

'진정한 가족'의 의미가 깊어질 것이다.

연인과 경계를 설정할 때

연인은 가까운 만큼 상처도 쉽게 주고받을 수 있는 관계다. 별것 아닌 일로도 언성이 높아지거나, 감정이 심하게 흔들릴 때 상대에게 막말을 할 수도 있다. 하지만 '사랑하니까 다 이해해야 해'라고 넘어가다 보면, 내 마음이 급속도로 소진된다. 건강한 관계를 위해서는 분명히 지켜야 할 선이 있다.

예를 들어 상대가 화를 낼 때 욕설이나 비하 발언을 한다고 가정하자. 초반에는 '내가 잘못했으니 참아야 하나?' 생각하지만, 곧 자존감이 무너지고 불안감이 생긴다. 뒤늦게 사과를 받더라도 마음 한구석이 씁쓸하다. 이런 상황이 반복되면 '아무리 좋아도 이런 식의 대화는 힘들다'라는 결론에 다다른다.

어떻게 해야 서로 상처받지 않고 성숙한 사랑을 나눌 수 있을까?

① 문제 발생 전에 '대화 수칙'을 정한다.

"우리 서로 화가 나도 욕이나 인신공격은 하지 말자. 대신에 '나는 지금 이런 이유로 화가 나'라고 말해보자."

② 서로 경계를 설정한다.

"나는 언성을 높이거나 욕하는 방식의 대화를 원치 않아. 만약 네가 계속 그렇게 말한다면, 난 이 대화를 잠시 중단할 거야."

③ '타임아웃 제도'를 제안한다.

감정이 격해지면 일단 **"우리 30분 정도 각자 생각 정리하고 다시 얘기하자"**라고 제안한다. 이는 서로의 '감정 온도'를 낮추는 데 효과적이다.

④ 상대가 반발하면 부드럽게 설명한다.

"나도 감정을 표현하는 건 이해해. 그런데 욕설이나 무시하는 말은 관계에 상처가 돼. 우리가 서로를 더 아끼려면 이렇게 하지 않았으면 좋겠어"라고 부드럽게 재설명한다.

그래도 상황이 반복된다면, **"이런 식의 대화가 계속 된다면 나도 힘들어서 이 관계를 유지하기 어렵다고 느끼게 돼. 우리 정말 개선해 보자"**라고 단호함을 내비친다. 처음에는 "예민하게 구네"라는 말이 돌아올 수도 있지만, 시간이 지나면 상대도 "저 사람이 정말로 이런 대화 방식을 싫어하는구나"를 깨닫게 된다.

서로를 존중하면서 솔직하게 표현할 수 있다면, 설령 갈등이 생겨도 훨씬 성숙한 방향으로 해결할 수 있다. 사랑은 서로를 해치는 것이 아니라, 함께 성장하는 과정이니까.

형제자매와 경계를 설정할 때

형제자매 사이에는 오랜 시간 쌓인 유대감이 있다. 그래서 가족 문제가 생기면 서로에게 자주 털어놓고 의지하게 된다. 문제는 상대가 자신의 힘든 이야기를 너무 과하게 쏟아내며 나를 '감정 쓰레기통'처럼 여길 때다. 또는 가족 간 갈등에 내가 휘말리면 다른 형제들과의 사이도 애매해질 수 있다.

예를 들어 부모님과 갈등 중인 동생이 날마다 나에게 하소연한다고 가정하자. 처음엔 동생을 위로해 주지만, 갈수록 지치고 스트레스가 쌓인다. 부모님과 이야기를 나눠보라고 해도 회피한다면, 결국 내 심적 부담이 커지게 된다.

어떻게 해야 형제자매 간 우애를 지키면서 내 부담을 덜어낼 수 있을까?

①진심으로 공감과 인정을 한다.

"네가 힘든 거 알아. 정말 속상하겠지. 나도 그런 기분 충분히 이해해."

②직접 해결하기를 권유한다.

"근데 이건 사실, 네가 부모님(혹은 다른 가족)과 직접 이야기해야 풀 수 있는 문제인 것 같아. 내가 대신 나서도 한계가 있잖아."

③ 경계를 설정한다.

"계속 네 하소연을 듣는 게 내 정신 건강에도 영향을 주는 것 같아. 미안하지만, 당분간 이 주제는 대화하지 않았으면 좋겠어."

④ 구체적인 대안을 세운다.

"정 힘들면 가족 상담을 받아보는 건 어때? 아니면 시간을 두고 차근차근 대화를 시도하면 좋겠어. 내가 대신 해결해 줄 수는 없어."

⑤ 거듭되는 호소를 차단한다.

"미안하지만, 나는 지금 이 문제로 매일 고민 들어줄 여력이 없어. 널 걱정하지 않는 게 아니라, 나도 나를 지켜야하거든."

형제자매와 경계를 설정한다고 해서 가족애가 식었다는 것은 아니다. 오히려 서로 진정으로 위한다면, 각자 해결해야 할 문제는 스스로 풀어야 한다는 점을 인정해야 한다. 그렇게 각자의 책임을 지면서도 서로의 상황을 보듬을 때, 가족 간의 의사소통이 더 성숙해지고 안정된다.

친구와 경계를 설정할 때

'가족보다 더 가까운 친구'라는 말처럼, 친구 사이는 언제든 허물없이 만나고 이야기할 수 있는 사이다. 그런데 때로는 그 친밀함이 부담 들 때가 있다. 가령 내가 힘든 시기를 보내는 중인데도 친구가 계속 만나자고 한다면 확실한 경계를 표현해야 한다. 그렇지 않으면 결국 폭발해 서로 감정이 상할 수 있다.

예를 들어 중요한 시험 준비로 머리가 터질 것 같은데 친구가 오랜만에 만나자며 집요하게 연락한다. 문제는 초반에 두어 번 응해줬더니 점점 더 자주 요구가 들어온다. 마음 약한 사람이라면 "미안한데 진짜 안 돼"라고 말하는 게 곤혹스러울 수 있다. 그러다 보면 내가 스트레스를 받아 친구에게 짜증을 내게 되고, 사이가 더 어색해진다.

어떻게 해야 서로 갈등 없이 우정을 이어 나갈 수 있을까?

① 현 상황을 명확히 알린다.

"요새 공부(혹은 일)가 너무 많아서 주말에도 쉬기 힘들어. 너랑 만나면 좋지만, 지금은 부담이 더 큰 상태야."

② 경계를 설정한다.

"지금은 내가 체력이나 마음이 부족해서, 약속을 못 잡겠어. 조금만 이해해 주면 고마울 것 같아."

③ 대체 방안을 제시한다.

"만약 급한 일이 있다면 문자로 알려줘. 전화나 카톡 정도는 괜찮지만, 직접 만나는 건 힘들어."

④ 계속 부담을 준다면

친구가 "조금만 시간 내면 되잖아"라고 한다면, **"내겐 그 '조금'이 벅차. 미안하지만, 안 된다는 걸 알아줬으면 해"**라고 확고히 선을 긋는다.

⑤ 친구에게 진심을 전한다.

"네가 서운해할 수 있다는 거 알아. 그런데 나도 요즘 너무 힘들어서 한계가 왔어. 이 부분만 조금 양해해 줘."

친구 관계에서 경계를 설정하는 것은, 친구니까 더 이해해 주길 바란다는 메시지를 전하는 것이다. 처음엔 친구가 섭섭해할 수 있지만, 오히려 솔직하게 말함으로써 오해가 쌓이는 것을 방지할 수 있다. 그런 과정을 거치면, 친구와의 우정이 더욱 편안하고 안정적으로 유지된다.

직장 상사와 경계를 설정할 때

직장 상사와의 관계는 업무 효율과 직접 연관되어 있다. 하지만 상사가 필요 이상으로 과도한 업무를 주거나, 부적절한 시간에 연락을 취해 쉬지 못하게 만든다면, 이는 개인의 건강과 성과 모두를 해칠 수 있다. '해야 할 말'을 하지 못해 스트레스만 쌓는다면 장기적으로 회사 생활 자체가 크게 흔들린다.

예를 들어 이미 몇 개의 프로젝트를 동시에 진행 중인데 상사가 "이번 건도 네가 맡아라. 너밖에 없어"라고 하면 부담이 몰려온다. 처음엔 회사에 기여하고 싶어 수락하지만, 몸과 마음이 피로해져 결국 다른 업무까지 영향을 끼칠 수 있다. 그러다 보면 '왜 나만 이렇게 혹사당하지?'라는 불만이 생기고 급기야 퇴사를 고민하는 상황으로 치닫는다.

어떻게 해야 직장 상사와 갈등 없이 회사 생활을 할 수 있을까?

①공감으로 시작한다.

"팀 실적을 위해 부장님이 애쓰시는 거 저도 잘 알고 있습니다."

먼저 이해하는 태도를 보여준다.

②내 업무 상황을 설명한다.

"지금 A, B 프로젝트도 겹치고 있어서 새 프로젝트까지 맡으면 전체 성과에도 영향이 갈 것 같습니다."

개인 사정이 아닌 '팀 전체'의 관점에서 말한다.

③ 구체적인 대안을 제시한다.

"이 프로젝트에 더 적합한 팀원이 있다면 함께 검토해 보면 어떨까요? 제가 초반 기획 단계에서 돕는 건 가능할 것 같아요."

먼저 대안을 제시하면 상사는 '이 사람은 무조건 일을 거부하는 게 아니구나'라고 느낀다.

④ 무리한 요구에는 경계를 설정한다.

"제가 맡는다면 일정 조정이나 마감 기한을 재협의해 주실 수 있나요? 그렇지 않으면 모든 업무가 지연될 수도 있어서요."

그런데도 대화가 통하지 않는다면 **"죄송하지만, 제 역량 한계를 넘어서면 결국 결과물이 좋지 않을 수 있습니다. 팀을 위해서도 이렇게 말씀드리는 거니 이해해 주시기를 바랍니다"**라고 단호히 말한다. 상사와의 경계를 설정하는 것은 회사 내 갈등을 일으키는 것이 아니다.

오히려 합리적 업무 분담을 위해 꼭 필요한 일이다. 지나치게 일에 치이기 전에 한계를 표현하고, 그 대신 대안적 협력 방안을 함께 찾는 태도를 보이면, 상사도 시간을 두고 이해하게 된다. 이를 통해 번아웃을 예방하고 더 오래, 더 건강하게 회사 생활을 할 수 있다.

자신과의 경계를 설정할 때

경계는 꼭 다른 사람과의 관계에서만 필요한 것이 아니다. 때로 우리는 자신에게도 무리한 요구를 한다. 남이 부탁하면 모두 들어주지만, 자신을 돌보지 않아 탈진 상태에 이르기도 한다. 이럴 때는 내가 할 수 있는 만큼만 한다는 '내부 경계'를 세워야 한다.

생각해 보자. 직장 일, 가족 행사, 친구 약속을 모두 잡다 보면 도저히 쉴 틈이 없어 집에 오면 녹초가 되곤 한다. 몸이 피곤하니 마음도 예민해지고, 내가 좋아하는 취미나 운동은 뒷전이 된다. 처음에는 '잠깐만 버티면 되지'라고 생각하지만, 결국 만성 피로와 번아웃에 시달리게 된다. 그제야 '더 이상은 안 돼!' 하고 허둥지둥 거절하지만 이미 내 몸은 한계에 다다른 뒤다.

어떻게 해야 남들과의 갈등 없이 '나답게' 살 수 있을까?

① 우선순위를 정한다.

'지금 내게 가장 중요한 건 건강과 휴식이다. 그 외 일은 조금 미뤄도 괜찮다'처럼 명확한 기준을 세운다.

② '노(No)'하는 연습을 한다.

남들에게 거절하는 게 힘들면 거울을 보고 말하는 연습을 하거나 평소 짧게 메모해 둔다. **'미안하지만 내일은 약속을 잡지 않을래'**라고 담담하게 표현하는 게 좋다.

③ 자기합리화가 아닌 솔직해져라.

'또 어쩔 수 없이…'라고 스스로 합리화하지 말고, **'나는 지금 정말 쉬고 싶어, 내겐 쉼이 필요해'**라고 솔직하게 인정하라.

④ 거절 후 죄책감이 든다면

'남들에게 싫은 소리 듣는 건 아닐까?'라고 불안할 수 있다. 그럴 때는 **'내가 쉬어야 더 잘 도와줄 수 있어'**라는 문장을 반복해서 떠올려 보라.

⑤ 지속적으로 셀프체크를 한다.

일주일 단위로, 이번 주에 내가 얼마나 과하게 달렸는가를 점검한다. 필요하면 다음 주 일정에서 과감히 몇 개를 덜어내라.

자신에게 경계를 설정하는 것은 곧 '자기 돌봄(Self Care)'의 핵심이다. 내가 나를 소중히 여겨야 남도 나를 소중히 여기게 된다. 처음엔 거절하는 연습이 어색하겠지만, 점차 익숙해지면 몸과 마음이 훨씬 건강해질 뿐 아니라 중요한 일과 인간관계에 집중할 수 있다.

* * *

앞의 6가지 관계와 각 상황에서 보이듯 경계를 설정한다는 것은, 결국 '나를 지키면서 상대와의 관계도 최대한 건강하게 유지하고 싶다'라는 의지의 표현이다. 다시 말하지만, 경계를 긋는다고 해서 무조건 관계를 끊거나 차갑게 대한다는 뜻이 아니라는 걸 명심하자.

6가지 관계별 '구체적인 문장'을 참고하여 각자 처한 상황에 맞춰 조금씩 문장을 바꾸고, 더 자연스럽게 표현해 보라. 처음엔 어렵겠지만, '내 몫의 삶'을 온전히 살아가기 위한 값진 연습이 될 것이다.

부모님에게는 "내가 어른이 되었으니, 내 결정을 존중해 주세요"란 메시지를,

연인에게는 "사랑하지만, 상호 존중 없는 대화는 받아들일 수 없어"란 원칙을,

형제자매에게는 "서로에게 지나친 부담이 되지 말자"라는 배려를,

친구에게는 "나도 쉬고 싶을 때가 있다"란 솔직함을,

상사에게는 "업무 효율과 팀 목표를 위해 내 한계를 인정해 달라"란 논리를,

그리고 가장 중요한 나 자신에게는 "나를 혹사하지 말고, 충분한 휴식과 회복을 허락해 달라"란 다짐을.

이렇듯 서로 간 적절한 거리와 경계를 지킴으로써 더 오래, 더 좋게 지낼 수 있는 기반을 마련할 수 있다. 상대가 한 번에 납득하고 받아들이지 않을 수도 있다. 이미 오랫동안 굳어진 관계일수록 더 많은 대화를 거쳐야 하고, 일관된 태도로 여러 번 반복해서 경계를 밝혀야 한다.

물론 그 과정에서 갈등이 일시적으로 더 커질 수도 있다. 하지만 중요한 것은, 내가 자기 돌봄과 상호 존중이라는 큰 틀 안에서 움직이고 있다는 사실이다. 결국, 내 삶의 주인공은 나 자신이다. 건강한 경계 설정은 나와 타인 모두를 지키는 첫걸음이자 서로의 관계가 적정 거리를 유지하며 더 오래 지속될 수 있게 만드는 매개체이다.

내 안에 숨겨진
'셀프 확장 잠재력'을 깨워라

왜 서로에게 끌리는 것일까

지금은 결혼했지만, 과거 나의 연애사를 되돌아봤을 때, 특히 20대 시절에 쉽지 않은 사랑을 했었다. 20대 초반까지는 꽤나 수동적인 사랑을 했는데, 이성이 나를 좋다고 하면 그 호의에 기대어 자연스레 관계를 이어갔을 뿐, 내가 먼저 표현하거나 다가서려고 하지는 않았다.

첫사랑을 만났을 때 비로소 사랑이 무엇인지 배웠지만, 경제적 여유가 없다는 이유로 헤어짐을 반복했던 기억이 선명하다. 당시 돈이나 지위가 따라주지 않아 사랑하는 이에게 미안함만 쌓이다가 결국 이별을 택해야 했던 건, 그 시절의 나뿐 아니라 여느 남성이라면 낯설지 않은 일일 것이다.

그때의 나는 자신을 드러내는 데 유난히 서툴렀다. 요즘 많은 사람들이 말하는 '회피형'에 속해있던 인간이었다. '말하지 않으면 아무도 알 수 없다'란 아주 단순한 사실을 알지 못한 채, 마음속 불안을 그냥 꾹 참고 있었다. 상대가 원하는 대로 움직이는 것이 편했고, 내가 먼저 마음을 열어야 할 때조차 주저했다.

첫사랑과는 평범한 데이트를 하면서도 '이 정도 비용이면 상대에게 미안하지 않을까?' 하는 고민이 늘었고, 특별한 선물을 준비하지 못할 때마다 초라함을 느꼈다. 그러다 보면 차라리 놓아주는 게 맞겠다는 자기합리화로 이어져 '더 나은 사람을 만나는 게 그 사람에게 행복일 거야'라며 먼저 등을 돌리기도 했다.

그때는 몰랐지만, 사실 상대가 정말 원했던 건 거창한 선물보다도 나의 진심어린 표현과 소통이었을 텐데, 정작 나는 그 기회를 스스로 닫아두었던 것이다.

그러다가 20대 후반이 되고 나서야 조금씩 다른 길이

보이기 시작했다. 하고 싶은 일을 찾고, 작은 목표들을 하나씩 달성해 나가다 보니 인격적으로도 조금씩 성숙해졌다. 또 글을 꾸준히 쓰다 보니 부정적인 감정 역시 꽤나 해소됐다.

'나에게도 뭔가 해낼 수 있는 힘이 있구나.'

이런 깨달음이 생기자, 더는 '경제적 부족함'만으로 모든 문제를 포장하지 않아도 되겠다는 용기가 생겼다. 비록 큰돈을 벌거나 사회적으로 눈에 띄는 성취를 이룬 건 아니었지만, 내가 좋아하고 잘할 수 있는 영역에서 최선을 다하면서 '지금 내 모습 그대로도 괜찮다'라는 마음의 토대를 쌓았다.

그러자 사랑도 조금씩 다른 모양으로 다가왔다. 내가 줄 수 있는 것과 줄 수 없는 것을 구분해 보려 했고, 말하지 못해 답답했던 마음도 솔직하게 표현해 보고자 노력했다.

이 시기에 깨달은 것이 있다.

사람이 서로에게 끌리는 데에는 비슷한 상처와 불안감도 큰 역할을 한다.

심리학 연구에 따르면, 사람은 자신과 유사한 상황이나 감정을 공유하는 이에게 더 쉽게 유대감을 느끼곤 한다. 실제로 심리학자 스탠리 샥터(Stanley Schachter)가 진행한 실험에서, 불안한 상태에 있는 사람들은 자신과 비슷하게 불안해하는 사람과 함께 있으려는 경향이 강했다는 결과가 나왔다.

'나만 이렇게 힘든 게 아니구나'라는 안도감이, 때로는 경제적 조건보다도 더 강력하게 두 사람을 가깝게 만들 수 있었던 것이다. 실제로 내 20대 초중반의 연애를 돌이켜 보면, 경제적 부족함과 더불어 심리적 두려움까지 겹쳐 있었던 시절에는, 그 불안과 외로움을 함께 공감해 줄 수 있는 상대가 가장 가까운 존재였다.

서로 '난 이 부분이 너무 힘들어'라고 털어놓았을 때, 상대도 비슷한 아픔으로 눈물짓는 모습을 보면 왠지 모를 동질감이 들곤 했었다. 문제는, 우리가 끊임없이 변하고 성장한다는 점이다. 시간이 흐르고, 한 사람이 먼저 마음의 짐을 조금씩 덜어내고 앞으로 나아가기 시작하면, 예전처럼 똑같은 속도로 맞춰 걸어가기가 쉽지 않을 수 있다.

한쪽은 '이제부터 더 건강한 행복에 집중하고 싶다'라고 생각하는 반면, 다른 쪽은 여전히 '아직 너무 힘들어'라고 머물러 있을 때, 자연스러운 거리감이 생길 수밖에 없다는 것을 이제는 이해하게 되었다.

즉 내가 성장하는 속도만큼 다른 사람이 함께 따라오지 않는다 해도, 무조건 죄책감을 느낄 필요는 없다는 걸 알게 되자 마음 한편이 한결 가벼워졌다.

서로 다른 속도로 나아가는 것은 지극히 자연스러운 일이다.

셀프 확장 잠재력이란?

사람의 마음은 저마다 출발선도 다르고, 회복되는 시점도 제각각이다. 한때는 비슷한 상처로 친밀했던 사이가 어느 날은 전혀 다른 곳을 바라보고 있을 수도 있다. 그러면 그 관계가 완전히 끝나느냐? 꼭 그렇다고 단정지을 순 없다. 언젠가 두 사람 모두 다음 단계로 성장해 다시 만난다면, 그 만남은 예전과는 전혀 다른 의미로 쓰일 테니 말이다.

여기서 두 가지 갈림길이 생긴다.

첫째, 단기적으로는 서로 비슷한 심리적 상처를 가진 사람끼리 만나게 된다.

둘째, 자신의 갈 길을 가는 것과 반대로 현재 함께하는 배우자, 연인과 함께 성장할 수 있는 길이 있다.

마셜 로젠버그(Marshall Rosenberg)의 '비폭력 대화(NVC)'에서는 갈등에 대해 이렇게 말한다.

"우리가 겉으로 '네가 변했어'라고 말할 때, 사실은 '나의 욕구와 감정이 예전과 달라졌는데 네가 그걸 채워주지 못하고 있어'라는 뜻을 표현하지 못해 갈등이 커진다."

즉, 상처가 회복되며 생기는 새로운 욕구를 솔직히 나누지 못할 때, 관계에 균열이 생기고 마는 것이다. 나 역시 한때 연애를 시작하면 결혼에 대해 생각했지만, 지금의 와이프를 만나기 전까지는 '이 연애도 언젠가는 끝나겠지'라는 회의적인 생각에 빠지곤 했다.

계속 성장을 추구하고, 배움을 멈추지 않으려 하기 때

문이지 않았을까 싶다. '우리 사이가 달라졌어'라는 막연한 표현도 못 한 상태로 막상 내 진짜 감정과 필요를 전하지 못해 상대와 어색한 시간을 보내야 했다.

그 세월의 끝은 언제나 이별이 기다리고 있었지만 결혼이라는 큰 전환점을 맞으면서, 나는 비로소 한 사람과 함께하는 데에는 단순한 조건이나 불안의 공유를 넘어서는 초월적인 감정, '그 무언가'가 필요함을 배웠다.

그 무언가는 '함께 성장하고자 하는 의지'다.

나는 과거의 저서 중에 이런 글을 쓴 적이 있다.

"나는 이 사람과 있을 때 스스로 나답다고 느낄 것이다. 평생을 뜨겁게 사랑할 순 없어도, 함께 있을 때 가장 편안한 사람. 이 사람 옆이라면 나는 안정감 속에서 더욱 일에 몰두할 수 있을 것이고, 평생 남 앞에서 가면을 쓰고 살았던 내가 이 사람에게만큼은 마음의 민낯을 보여줄 수 있을 것 같다.

내 모든 치부를 보여도 그걸 품어줄 수 있는 사람. 이런 사람이라면 난 내 모든 걸 바쳐서라도 행복, 금전, 사랑을

줄 것이다. 평생을 함께할 여자인 걸 떠나서 내가 만든 가족이니까. 난 더 이상 외로울 일이 없을 거고."

이 글은 나의 바람을 담았던 글이다. 이런 사람과 함께라면 내 인생의 전부를 줄 수 있다는 생각이 들었기 때문이다. 기억 속에 묻힐 글이라 포기하던 와중에 지금 와이프를 만난 것이다. 그녀는 내게 앞으로 이 관계가 나를 끝도 없이 성장시켜 줄 것이라는 강한 믿음을 준 사람이다.

이런 느낌을 심리학에서는 '셀프 확장 잠재력(Self Expansion)'이라고 한다. 우리가 관계 속에서 얼마나 함께 성장하고 발전할 수 있는지를 나타내는 개념이다.

'이 사람과 함께라면 내 삶이 더 풍부해질 것 같다.'
'앞으로도 계속 새로운 경험을 공유할 수 있을 것 같다.'

이런 믿음이 셀프 확장 잠재력의 핵심이다. 흥미로운 점은, 이러한 '믿음' 자체가 실제 행동이나 관계 만족도에 큰 영향을 미친다는 사실이다. 중요한 건 믿음이다.

그다음에는 새롭고 흥미로운 활동을 하는 것만으로 파트너 역시 "내가 이 사람으로부터 긍정적인 자극을 받는다"고 느끼면 그 믿음에 부응하듯 자신의 삶에서도 새로운 시도를 더 적극적으로 해보게 되는 것이다.

다시 말해 '앞으로의 가능성이 열려 있다'라는 믿음만으로도, 단지 현재의 행동이나 상황만으론 설명하기 힘든 수준의 변화가 일어난다는 뜻이다.

연인·부부 관계 발전의 핵심 키

한 연구에 따르면 파트너로부터 높은 '셀프 확장 잠재력'을 느끼는 사람은, 반대로 '바람을 피울 확률'이나 다른 사람에게 매력을 느낄 확률이 현저히 낮아지는 경향을 보였다. 미래적인 기대와 낙관이 현재의 관계 만족도뿐 아니라 '관계를 위협하는 여러 유혹'으로부터도 스스로를 보호한다는 것이다.

그렇다면 실제로 우리가 일상에서 '관계의 확장 가능성'을 높이기 위해 할 수 있는 구체적인 방법에는 무엇이 있을까?

첫째, '함께 새로운 활동을 계획하기'가 중요하다.

반드시 거창한 해외여행이나 고가의 취미가 아니어도 된다. 집 근처 공원을 찾아 같이 달리기를 해보거나, 서로 읽고 싶은 책 한 권을 골라 한 달 동안 동시에 읽고 대화를 나누는 등 작은 시도도 충분하다.

둘째, '서로의 미래 목표를 공유하기'가 큰 힘이 된다.

"앞으로 어떤 것을 배워보고 싶어?", "우리가 다음 달에는 어떤 변화를 시도해 볼까?" 같은 질문을 주고받는 것만으로도, 두 사람 모두에게 '미래에 대한 공동 비전'을 심어줄 수 있다.

셋째, '가능성을 표현하는 언어'를 적극적으로 사용한다.

"지금은 여건이 안 돼도, 머지않아 우리가 함께할 수 있을 거야", "더 멋진 경험이 우리를 기다리고 있을 것 같아" 같은 언어는, 단순한 말이 아니라 실제 행동을 이끌어내는 심리적 동기 부여가 될 수 있다.

물론 이런 노력이 반드시 매일매일 지켜지기는 어렵고, 때론 바쁜 일상에서 실천이 쉽지 않을 수 있다. 하지만 '관계의 미래가 지금보다 더 나아질 수 있다'라는 믿음 자체가 이미 강력한 버퍼(Buffer)로 작동한다는 점을 기억하자. 즉 바로 지금 특별한 활동을 하지 못하더라도, 머릿속에 '곧 함께 새로운 것을 해볼 수 있다'라는 긍정적인 사고가 자리 잡으면, 관계에 대한 불안이나 권태감이 찾아오더라도 그 정도를 완화해 준다.

나아가 이 '셀프 확장 잠재력'을 키우려면, 결국 서로가 '개인으로서 어떤 성장 궤도에 있는지'도 살펴봐야 한다. 때로는 대화 주제를 '각자 하고 싶은 일, 배우고 싶은 것' 등으로 확장해 보고, 서로의 취향과 꿈을 존중해 주는 연습을 해보자. 두 사람이 늘 똑같은 목표를 가져야 한다는 부담감 없이, 서로의 개성과 속도를 인정하며 함께 앞으로 나아갈 수 있다면, 관계는 오히려 한층 다채롭고 견고해진다.

* * *

정리하면, 우리는 현재의 상태만으로 관계를 판단하

고 아쉬움을 느끼기보다는 '이 사람과의 미래가 지금과 어떻게 달라질 수 있을까'를 상상하며 기대하는 태도가 중요하다. 연구 결과에서처럼 "늘 새롭고 자극적인 활동을 함께 못하더라도 '앞으로 가능성이 열려 있다'라고 믿는 것"만으로 관계의 만족과 헌신을 유지하는 데 큰 도움이 된다.

또한, 이 믿음이 현실로 이어지는 경험을 하게 된다면, 더 큰 자기 확장과 관계 확장을 동시에 맛볼 수 있을 것이다. 결국, 누구나 살다 보면 권태나 갈등으로 '과연 이 관계가 나에게 도움이 될까?'라는 질문이 떠오르는 순간을 맞이한다. 그럴 때 우리가 할 수 있는 가장 중요한 선택 중 하나는 '이 관계로부터 나 자신이 무엇을 새롭게 배울 수 있을까?'라고 묻는 일이다.

이것이 '셀프 확장 잠재력'을 불러일으키는 출발점이다. 앞으로의 시간 동안 지금보다 더 많은 것을 함께 경험하고, 함께 성장하는 미래를 그려볼 수 있다면, 비록 현재가 조금 부족해 보여도 그 믿음이 우리를 뜻밖의 방향으로 견인해 준다. 그러니 혹시나 권태로운 일상에서 애정이 식어 간다는 느낌이 든다면, '아직 열리지 않은 미래의 문'을 함께 상상해 보자. 그 작은 상상력이 우리의 관계에 큰 변화를 불러올 수 있을 것이다.

감정을 균형 있게
조절하라

현대인들이 인간관계를 최소화하고 선택을 회피하는 건 개인주의 확산과 감정노동의 피로감, 경쟁 압박 등이 뒤섞여 생겨난 결과다. 현실적으로 누구나 어느 정도 이 흐름 안에서 살고 있다. 다만 '정말 혼자가 좋은지, 아니면 두려움 때문에 미리 선을 긋고 있는지' 돌아봐야 할 시점이다.

감정을 균형 있게 사용하기 위한 5가지 방법을 살펴보자.

(1) 작은 만남부터 시작한다

감정을 무리해서 쓰지 않도록 범위를 좁히고, 천천히 확장한다.

> ○ 이번 주말에 친구 세 명을 다 만나려 했는데, 부담된다면 먼저 한 명만 만나 보자.
>
> ○ 대화가 길어지면 '나 잠깐만 쉬었다가 다시 얘기해도 될까?' 라고 물어본다.

(2) 감정 사용량을 점검한다

객관적 지표를 만들면, 감정 소비가 과도해지기 전에 선제적으로 조절할 수 있다.

> ○ 오늘 대화나 만남 후 느낀 피로도를 1~10으로 적어본다.
>
> ○ 친구를 만날 때마다 즐거움과 피로감을 동시에 수치화하고 평균치를 내본다.

(3) 회복 전략을 미리 구상한다

사전에 회복 전략을 구상하면 실패로 인한 감정 소모를 최소화하고 재도전 가능성을 높인다.

> - 면접에서 떨어지면 딱 일주일만 슬퍼하고, 그 후엔 먹고 싶던 음식을 먹으며 털어버린다.
> - 거절당하거나 실수하면 어느 부분이 부족했는지 적고, 일주일 후 다시 시도할 계획을 세운다.

(4) 합리적 이타심을 적용한다

완전한 무관심이 아니라, 서로를 침해하지 않는 선에서 협력하는 방식을 택한다.

> - 상대방의 고민이 너무 무겁다면 '내가 도울 수 있는 범위는 여기까지'라고 분명히 알려준다.
> - 감정적으로 한계가 온다면, '미안하지만 지금은 힘들어'라며 휴식 시간을 요청한다.

 갈등을 전면 회피하기보다는 대화를 조절·중단·재개
하는 스킬을 미리 익혀두면 감정 낭비를 줄일 수 있다.

- 상대방이 예민한 주제를 꺼내면 '그 부분은 좀 예민해서 나
중에 이야기하면 좋겠어'라고 솔직히 말한다.
- 말다툼이 날 것 같다면 잠시 멈춘 후 '물 한 잔 마시고 다시
이야기하자'라고 제안한다.

2부

관계에서 '나의 존재'
의미를 찾아라

• 박용남

무의식을 의식하지 않으면,
그것이 나의 인생을 좌우한다.
우리는 그것을 '운명'이라고 부른다.

어두움의 감정을
활용하라

어두운 감정의 잠재력

'사람은 빛의 형상을 상상함으로써 깨달음을 얻는 것이 아니라, 어둠을 의식하게 함으로써 깨달음을 얻는다.'

심리학자 칼 구스타프 융(Carl Gustav Jung)의 말이다. 융은 프로이트(Sigmund Freud), 아들러와 함께 세계 3대 심리학자로 불린다. 그러나 한국에서는 그의 이론과 개념이 복잡하고 어렵다는 이유로 덜 알려진 편이다.

융 심리학의 핵심 개념 중 하나는 '그림자(Shadow)'다. 융은 "누구나 마음속에 '그림자'의 영역이 존재한다"라고 말했다.

쉽게 풀어 설명하면, 우리는 누구나 어두운 면, 즉 자신도 마주하고 싶지 않은 상처나 결핍 등 불편한 감정이 '그림자' 속에 쌓인다는 것이다. 그래서인지 대부분 사람은 스스로가 '난 늘 착하고 괜찮은 사람이야'라고 여기며 애써 그림자를 외면한다.

그러나 융은 '무시하고 싶은 어두움'이야말로 '진정한 변화'를 위한 씨앗이 될 수 있다고 말한다. 우리가 부정적이라고 생각하는 감정이 오히려 자기 보호나 성장의 실마리를 품고 있다는 뜻이다. 예를 들면 분노는 '소중한 뭔가가 침해받고 있다'란 신호를 주고, 시기심과 질투는 '나도 그것을 원한다'란 '진짜 욕구'를 드러나게 한다.

어두움의 감정은 숨길 대상이 아니라, 우리에게 소중한 '알람(Alarm)'의 역할을 해준다.

그렇다면 우리 안의 '그림자(부정적인 감정)'를 어떻게 마주하고 활용할 수 있을까?

자신의 또 다른 모습, 그림자

우리는 어린 시절부터 '인간은 사회적 존재'라고 배워 왔다. 가정이나 학교에서 '그런 감정은 나쁘다', '이렇게 굴면 남들에게 인정받지 못한다'라는 식의 메시지를 반복해서 들은 결과, 우리 의식의 바깥 영역, 즉 '그림자' 속에 잠재된 욕구와 결핍이 남아 있다. 가령 '돈도 안 되고 소용없다'란 이유로 접어둔 예술적 재능이나, 오랫동안 억눌러온 표현 욕구 등도 그림자에 숨어 있을 수 있다.

그런데 흥미로운 점은, 이 그림자가 꼭 부정적 기질만 담지 않는다는 것이다. 우리는 어두운 감정이 올라올 때마다 '이런 감정, 빨리 없애야 해!'라며 몰아내려 한다. 하지만 먼저 '이 감정이 내게 뭘 말하고 있지?'를 생각할 필요가 있다.

잠시 멈춰 부정적인 감정을 곱씹어 보면, 자기 삶의 방향을 다시 짚을 기회가 된다.

만약 부정적인 감정을 느낀다면 다음과 같은 질문을 스스로에게 던져보자.

분노가 생길 때: 누군가가 내 가치를 무시하고 있는 건 아닐까? 내가 중요하게 여기는 기준이 침해당하고 있진 않은가?

불안감과 외로움이 깊어질 때: 미뤄둔 도전이나 해결되지 않은 관계가 있나?

시기심과 질투가 올라올 때: 나는 왜 저 사람을 보며 불편함을 느낄까? 결국 나도 저걸 갖고 싶다는 욕구가 있는 건 아닐까?

무기력이 찾아올 때: 반복되는 일상과 과도한 스트레스에 지쳤나? 내게 맞지 않는 목표를 붙들고 있나?

이처럼 부정적인 감정들은 '내가 정말 원하는 것'을 가리키거나, '해결되지 않은 상처'를 들춰낸다. 더 나아가 그 감정에 '왜 이렇게 느껴지지?'라고 관심을 기울이면 자기 마음의 구조를 알게 된다.

그림자는 우리 안에 잠든 '결핍'인 동시에 '가능성'이다.

우리 안의 그림자는 어둡고 결핍되어 보이는 모습만큼이나 아직 빛을 보지 못한 가능성을 품고 있다.

어두운 감정을 활용하라

앞서 부정적인 감정에 질문하고 생각했다면, 그다음은 이 감정을 '어떻게 활용'하는지를 알아보자.

(1) 시기심·질투

발단: '나도 그것이 탐나고 간절하게 원한다.'

전개: '내가 시기하는 대상이 가진 건 무엇인가?'를 구체적으로 적어본다. 공부 습관, 성격, 재능 등 구체적이거나 단순히 '주목받는 위치'일 수도 있다.

활용: 내게도 필요한 목표나 변화를 찾는 계기로 삼는다.

(2) 죄책감·수치심

발단: '사회적 윤리나 내 가치관에 어긋난 일이다.'

전개: 그냥 자책으로 끝내지 말고, '사과해야 할 일인가? 앞으로 같은 실수를 어떻게 방지할까?'를 구체적으로 점검한다.

활용: '다음에는 더 나아지고 싶다'라는 다짐을 통해 성장과 발전의 원동력으로 활용한다.

(3) 무기력·권태

발단: 반복된 일상과 과도한 압박감에 지쳐 무엇에도 의미를 느끼지 못한다.

전개: '언제부터 의욕이 바닥났나?', '어떤 상황에서 특히 심해지나?'를 살핀다. 잠시 휴식을 취하거나 일상에 변화를 주는 방안을 고민한다.

활용: 적절한 휴식을 통해 집중력 향상과 지속 가능한 성장의 발판을 마련한다.

(4) 불신·의심

발단: '내가 또다시 상처받을까 봐 두렵다.'

전개: 과거 신뢰가 깨진 경험을 되돌아보고, 관계에서 어느 정도 '안전거리'를 두는 연습을 한다.

활용: 불신과 의심을 통해 '더 튼튼한 관계 맺는 방법이 필요하다'란 인식을 얻는다.

* * *

어두움의 감정은 억누르기보다 '왜 지금 이런 감정일까?'를 자문함으로써 자신을 객관적으로 볼 수 있다. 물론 감정을 무작정 폭발시키면 역효과가 날 수 있지만, 완전히 배척하는 것도 답이 아니다.

여기서 중요한 건, 어두움의 감정을 '건설적 변화'로 전환하는 것이다.

〈3장〉에서는 융의 심리학을 토대로 '그림자', 즉 어두움의 감정을 통해 우리 삶을 더 재미있고 활력 있게 만드는 법에 대해 이야기하겠다. 서두에 밝힌 것처럼 융의 심리학은 다소 어렵게 느껴질 수 있다. 그러나 '내 안의 그림자'를 반드시 만나야 하며, '진정한 성장'은 그 순간부터 시작된다.

우리의 머릿속에는 수많은 생각이 떠다닌다. 언제나 다음 단계를 걱정하고, 미래를 불안해하며, 과거를 후회하는 생각들이 끊임없이 몰려온다. 하지만 '진정한 성장'은 현재에 온전히 집중할 때 이루어진다. 한 번에 한 걸음씩, 지금 이 순간에만 몰입하는 것이 가장 빠른 길이다. 자신의 '그림자'를 찾아내고 '온전한 나'가 되기 위한 여정을 시작해 보자.

그림자 속에서
삶의 원동력을 찾아라

　심리학에서 인간의 내면을 이해하려는 시도는 오랫동안 이어져왔다. 특히 프로이트와 융은 심리학 역사의 양대산맥으로 꼽힐 만큼 중요한 인물로, 프로이트의 '정신분석이론'과 융의 '분석심리학'은 인간의 심리 구조와 무의식을 탐구할 때 중요한 이론이다. 둘 다 '인간의 무의식'을 심리 문제의 중요한 원인이라 강조하는 공통점이 있다.

　물론 두 사람의 차이도 있다. 프로이트는 무의식을 의식과 대비되는 것으로 보았으며, 인간의 본능적인 충동이 내면의 갈등을 일으킨다고 주장했다. 즉 인간의 정신은 원초아(Id), 자아(Ego), 초자아(Superego)로 구성되어 있는데, 원초아는 본능적인 사람, 자아는 현실적인 사람, 초자아는 도덕적인 사람이 된다고 한다. '자아'가 원초아와 초자아를 적절히 통제·조정하여 균형을 이룰 때 건전한 성격이 형성된다는 주장이다.

반면 융은 '개성화 과정(Individualtion)'을 거쳐 자아와 무의식이 통합하고, 이를 통해 인간의 내적 성장과 자기실현을 이룰 수 있다고 보았다.

프로이트와 융은 서로 다른 시각으로 '무의식'을 탐구했지만, 심리학적 관점에서는 상호 보완적이다. 두 사람의 이론은 각기 다른 방식으로 현대 심리치료에 큰 영향을 미쳤다.

내 안의 그림자를 찾아라

우리가 주목할 것은 융이 주장한 '인간의 내적 성장'이다.

"인간이 진정으로 성장하려면 '무의식에 깃든 내용'을 의식의 영역으로 끌어와 통합해야 한다.”

융이 한 말이다. 쉽게 설명하면, 우리는 분노나 시기심, 불안, 무기력 등 ‘어두운 감정’을 억누르거나 없애야 할 대상으로 여기곤 하는데, 오히려 분노나 불안의 감정을 삶의 원동력으로 삼을 수 있다는 의미다. 즉 무의식에 묻었던 창의력이나 욕망은, 이제 삶을 ‘재미있고 활력 있게 만드는 자산‘이 되는 것이다.

가령 무대 위 퍼포먼스나 창작 작품으로 자신을 폭발시킨 예술가처럼, 우리도 어두운 감정을 잘 다스리면 창의적 사고와 실행력으로 새로운 가치를 만들 수 있다.

그리고 어두운 감정의 핵심에 ‘그림자’가 있다. [여는 말]에서 밝힌 ‘어두운 감정의 활용법’처럼, 스스로 ‘내가 지금 이렇게 반응하는 이유가 뭘까’를 인식하면 불필요한 자기혐오나 대인관계 파탄을 피하면서도 ‘가만둘 수 없다’라는 강렬함을 추진력으로 쓸 수 있다. ‘난 늘 괜찮아야 해’, ‘부정적인 마음을 가지면 나쁜 사람이야’라는 압박감은 그림자를 더 깊숙이 숨기게 만든다.

결국 ‘내 안의 어두움도 나의 일부’라고 받아들이는

것은 자기 자신은 물론 다른 사람들에게도 관용을 베푸는 시작점이다. '내 마음의 그림자를 적으로 두지 않고, 대화를 시도해 본다'라는 태도가 진정한 성장을 열어준다. 우리가 원래부터 지니고 있던, 그러나 인정하지 못했던 힘도 거기에서 깨어날 수 있다.

어두움이라고 해서 늘 파괴적인 것은 아니다. 오히려 어두움에 담긴 잠재력을 발굴해 낼 때 '참 살아볼 만한 삶이다'라는 깊은 확신이 찾아온다.

감정은 인간의 한 부분이다. 특히 어두움의 감정은 매몰차게 밀어낼수록 더 요동친다.

물론 인간은 모순적인 존재이기에 이기적이거나 화낼 때도 있고, 때론 스스로에게 실망하기도 한다. 이런 사실을 인정하는 순간, 오히려 마음속 상처(억눌렸던 감정)가 아물고 자존감도 회복된다. 또한, '남들도 저마다 말 못 할 불안정함이 있으니까'라고 이해하면 대인관계 역시 부드럽게 바뀐다.

'어두움'이 있어 '밝음'이 있다

우리는 성장하고, 노력하며, 발전해 왔지만 어딘가에서 막혀 있는 느낌을 받을 때가 있다. 이때 필요한 것은 더 많은 '노력'이 아니라, 지금까지 외면해 온 자신의 그림자를 직면하는 것이다. 즉 자신의 '그림자'를 없애는 것이 아니라, 그것과 함께 살아가는 법을 익힐 때 삶의 원동력을 얻을 수 있다.

'빛(긍정적 감정)과 어두움(부정적 감정)이 섞인 나'를 자연스레 인정하면, 의외로 마음이 편해진다. 아직 다루기 익숙지 않은 자아(自我)의 일부와도 조금씩 맞춰 가면서 점차 '인간적인' 여유가 생긴다. 이것이 융이 말한 '그림자와의 화해'이자 그로부터 나오는 새로운 가능성이다.

영화 〈배트맨(Batman) 시리즈〉의 배트맨과 조커처럼 반영웅(Antihero)이나 악당 캐릭터가 매력적으로 다가오는 이유는 어딘가 결함 있고 어두운 면이 '인간적'이기 때문이다. 나 역시 착하기만 한 주인공보다는 자신의 '그림자'를 품고 갈등하며 성장하는 인물에게 더 마음이 간다.

자신의 어두운 면을 인정할 때 비로소 강한 자기 존중감이 생긴다.

내 안에 분노나 공격성이 있다는 사실을 깨닫고 인정할 때 싸움을 피할 수 있는 여유가 생긴다. 한가지 오해하지 말 것은 '내게 어두운 면이 있구나!'를 깨달았다고 해서 무작정 표출하라는 뜻이 아니다. 내가 이럴 수도 있음을 알고, '그 에너지를 어떻게 다룰까?'를 고민하라는 의미다.

이는 무술 수련과 일맥상통한다. 무술 수련의 목적은 필요할 때 자신과 타인을 방어하고, 불필요한 충돌을 피하는 법을 배우는 것이지 공격을 일삼기 위해서가 아니다.

결국 '그림자를 지닌다'라는 건 나쁘기만 한 게 아니라 진정한 '자기 존중'의 시작점이 되기도 한다. 억눌린 '괴물성'을 전혀 인정하지 않으면, 우리는 언제나 두려움과 죄책감에 시달릴 가능성이 크다. 즉 그 어두움이 전하는 이야기를 듣고, 내 삶 속에서 해석할 때 통합이 시작된다.

물론 이 과정이 마냥 쉽지만은 않다. 자칫하면 내가 싫어하는 모습, 평소 부끄러워했던 욕구와 마주쳐야 하기 때문이다. 그러나 그 불편한 과정을 거치지 않으면, 우리는 끝내 스스로에게 솔직해질 수 없다.

무의식과 의식을 통합하라

융은 '내적 성장'을 위해 무의식(그림자)을 의식적으로 통합하라고 강조했다. 그렇다면 무의식을 어떻게 의식으로 끌어올릴 수 있을까? 또한 실생활에서 어떻게 실천할 수 있을까? 융이 제시한 세 가지 방법을 살펴보자.

첫째, 꿈(Dream)을 분석한다.

나의 억눌린 감정은 종종 '상징의 형태'로 꿈에 나타난다. '왜 저런 이미지가 등장했을까?', '그 장면에서 내가 느낀 감정은 무엇일까?'를 곱씹는 습관을 통해 무의식의 단서를 잡을 수 있다.

둘째, 자신과 솔직한 대화를 한다.

자기 자신에게 '왜 이렇게 화가 났지?', '왜 지금 갑자기 무기력해졌지?'라고 묻는 습관을 길러라. 필요하다면 전문가나 믿을 만한 사람과 대화하며 감정을 정리해 보자.

셋째, 예술적·창의적인 활동을 한다.

평소 억눌렀던 감정을 그림 그리기나 글쓰기, 악기 연주 등으로 표현해 보자. 이를 통해 상처가 자연스럽게 분출되는데, 그 과정을 주의 깊게 관찰하면 무의식 속 메시지를 인식하게 된다.

★ ★ ★

'그림자 통합'은 한 번에 끝나는 작업이 아니다. 게다가 변하는 환경 속에서 새로운 그림자를 만들어 내고, 이전에 다뤘던 상처가 다른 모습으로 나타나기도 한다. 그럼에도 스스로 '내 안에 어두운 면이 있을 수 있다'란 사실을 인정하고, 그 힘을 어떻게 쓸지 고민하기 시작하는 순간부터 삶의 태도가 달라진다.

이어지는 장에서는 자신을 더 깊이 이해하고, 더 나은 관계를 형성하며, 심리적으로 더 건강한 삶을 사는 방법을 심층적으로 다루겠다.

온전한 자아(自我)로
내 삶을 살아라

앞에서 말한 것처럼, 융과 프로이트의 이론에는 차이점이 있다. 프로이트는 인간의 심리를 본능적 충동과 성(性)적 욕구(Libido)에 맞추었다면, 융은 "인간은 개인적 무의식뿐 아니라, 집단 무의식의 영향을 받는다"라고 주장했으며, "인간은 내면의 '자기(Self)'[3]를 찾는 것을 목표로 삼아야 한다"라고 강조했다.

---

3 의식과 무의식을 포함한 전체 정신의 중심이다. 자아(Ego)와는 다른 개념으로, 자아가 '일상적인 나'라면 자기는 '본래의 나'를 의미한다.

'새는 알에서 나오려고 투쟁한다. 알은 세계이다. 태어나려는 자는 하나의 세계를 깨뜨려야 한다.'

헤르만 헤세(Hermann Hesse)의 소설 《데미안》에 나오는 유명한 구절이다. 주인공 싱클레어가 데미안과의 만남을 통해 '진정한 자아'를 찾아가는 여정이 담긴 이 책에는, 인간 내면의 어두움과 빛은 별개의 것이 아니며, 이것을 포용해야만 진정한 자아를 발견할 수 있다는 메시지를 전한다.

사실 헤세는 융의 영향을 받아 그의 이론을 자신의 소설에 담았다. 《데미안》에 나오는 인물들은 모두 싱클레어의 내면세계를 반영한 것이다. 예를 들면 방황과 깨달음을 반복하는 인물인 싱클레어는 '의식'을 뜻하고, 싱클레어의 인도자 역할을 하는 데미안은 '무의식'을 뜻한다.

반복해서 강조한 것처럼, 진정한 성장을 위해서는 의식과 무의식을 통합하는 과정을 거쳐야 한다.

완벽해지기보다는 온전해져라

융은 인간의 목표가 '완벽해지는 것'이 아니라 '온전해지는 것'이라고 말했다. 온전함(Wholeness)이란, 우리가 억눌러 온 어두운 면까지 포함해 '나'라는 존재 전체를 인정하고 통합하는 상태를 의미한다. 또한 융은 '그림자'를 부정하고 외면하면, 억눌린 힘이 예측 불가능한 방식으로 폭주할 위험이 커진다고 경고했다.

여기서 말하는 '그림자'는 내가 인정하기 싫어 바깥으로 밀어낸 모습을 뜻한다. 때로는 공격성이나 질투심처럼 '비도덕적'이라 여겨지는 감정이기도 하고, 가치 없다고 포기했던 재능이나 열망이기도 하다.

이렇듯 '진정한 성장'은 자신의 그림자를 마주하고, 그 에너지를 어떻게 쓸지 주체적으로 결정하는 일로부터 시작된다. 우리는 사회적 기준, 가족의 기대, 주변의 시선 속에서 살아가며 '나쁜 것'이라 여겨지는 감정이나 욕망을 깊은 무의식에 밀어 넣는다.

하지만 그때 묻히는 것은 단순히 파괴적 본능만이 아니다. 자기 주장·창의성·경쟁심·야망처럼, 사실 긍정적인 에너지가 될 수 있는 요소들도 함께 묻히곤 한다. 어릴 적 창의적 시도를 했다가 조롱받거나 무시당한 경험, 자신의 감정을 솔직하게 표현했다가 '너무 튀지 마!'란 말을 들은 경험 등, 이 모든 것이 우리 내면의 힘을 '그림자'로 밀어 넣는 원인이 된다.

결국 우리는 '순종적이고 예측 가능한 사람'이 되어 생기(生氣)와 주체성을 잃게 된다. 그 결과 사소한 자극에도 분노·시기심·불안·무기력 같은 감정이 강력하게 작동한다. 즉 한 번도 인정받지 못한 공격성이 왜곡된 방식으로 터져 나온다. 억눌린 욕망이 중독이나 강박 행위로 표출되거나, 창의성이 고여 있다가 어느 날 한꺼번에 폭발하기도 한다.

따라서 '왜 이렇게 화가 나지?', '왜 사소한 것에 위축되지?'와 같은 질문을 던지는 행위가 무의식을 의식으로 끌어올리는 첫 단계다. 그리고 그림자를 직면하는 순간에 '새로운 힘'이 깨어난다

그림자는 새로운 활력의 원천이 된다. 반면 그림자를 외면하면, 오히려 그림자가 당신을 지배한다.

대개 사람들은 자신이 도덕적이고 올바르다고 믿고 싶기에 내면의 어두운 면을 철저히 부정한다. 그러나 그림자는 결코 사라지지 않는다. 오히려 무의식 속에서 힘을 키워 어느 순간 우리를 조종할 수도 있다. 겉으로는 자애롭고 윤리적으로 보이지만, 뒤에서는 이상한 중독과 강박을 반복하는 사람이나, 착하고 순진해 보이던 사람이 한순간에 무섭게 폭발하는 것처럼, 이 모든 것이 억압된 그림자의 반격이다.

"그림자를 인식하지 못하면, 그것은 당신의 삶을 점점 더 압도할 것이다"라는 유명한 말이 있다. 지킬 박사와 하이드처럼, 어둠을 자각하지 못한 채 방치하면 언젠가 예측 불가능한 파멸적 결과를 불러올 수 있다.

스스로 감정의 주인이 되어라

인간이 진정으로 성장하기 위해서는 무의식에 깃든 내용을 의식화해야 한다고 반복적으로 말했다. 왜냐하면, 자신이 '모든 걸 주도적으로 결정한다'라고 믿더라도 사실은 드러나지 않은 커다란 심층(무의식)이 자신의 선택을 좌우하기 때문이다. 그렇기에 **'내가 왜 이렇게 소심할까?', '왜 사소한 말에 격분할까?'라는 질문조차 던지지 않으면, 무의식이 곧 우리 운명을 지배한다**는 것이 융의 주장이다.

그러나 스스로 이 질문을 시작하면, 우리는 조금씩 '감정의 주인'이 될 수 있다. 융은 개성화 과정을 통해 인간이 의식과 무의식을 조금씩 통합해 간다고 했다. 이는 곧 '내가 정말 누구인지'를 알아 가는 길이다. 예를 들어 '나는 절대 화내면 안 돼, 늘 착해야 해'라고 스스로를 규정하면, 억눌린 공격성이 언젠가 파괴적으로 분출될 수 있다.

반면 '내 안에도 거친 힘이 있구나'를 받아들이면 그 에너지를 나와 타인을 지키는 힘, 혹은 성취를 위한 동력으로 전환할 수 있다. 내가 어떤 그림자를 가지고 있는가를 솔직하게 바라볼 때 심리적 안정과 성장의 열쇠를 얻을 수 있다. 그림자는 '특별한 사람'만의 문제가 아니라 모든 사람의 내면에 존재한다.

완벽한 답은 없지만, '더 솔직한 삶'은 가능하다

그림자, 즉 온전한 자아를 자각한다는 건 곧 자기 존중과 성숙으로 가는 지름길이 된다. 다시 말하지만 '어두운 면을 무조건 드러내자'란 이야기가 아니다. 오히려 '필요할 때 이빨을 드러낼 수 있음을 알고도 함부로 휘두르지 않는 통제력'이야말로 진정한 평화를 지키는 힘이다.

결국 자신의 어둠을 직시하고도 무너지지 않는 힘, 그리고 그 에너지를 삶에 통합하는 유연함. 이 두 가지가 합쳐졌을 때 우리는 좀 더 자유롭고 의미 있는 삶을 향해 나아갈 수 있다. 이는 완벽해지기 위해 어딘가를 자르거나 채우는 일이 아니라, 나 자신을 '있는 그대로' 인정하고 다듬어 가는 작업이기 때문이다.

한계와 결함을 직면했을 때 '그래, 이 또한 내 일부니까 잘 다뤄보자'라고 받아들여라.

그럴 때 비로소 우리는 자기 자신과 세상을 깊이 이해하고 존중할 준비를 갖추게 된다. 어둠을 통합할 때 온전함이 시작된다. 무의식은 우리 모두에게 있다. 그림자는 억눌린 욕망이나 본능, 또는 포기했던 재능과 꿈일 수 있다. 이를 부정하고 외면할수록, 그림자는 더 큰 파괴력으로 돌아올 위험을 안고 있다.

하지만 의식적으로 "나는 이런 면도 있어"라고 인정하는 순간부터 우리는 그 힘을 성장의 발판으로 삼을 수 있다. 그 누구도 완벽한 존재가 될 수는 없지만, 온전한 존재가 되는 길은 열려 있다. 그림자를 마주하고 통합하는 과정에서 우리는 더 이상 '내가 이렇게 되면 안 돼'라고 스스로를 옥죄지 않으며, 동시에 그 어두운 힘을 무책임하게 휘두르지도 않는다.

'그림자 통합'이란, 자신의 어두운 면을 인정하고 조화롭게 활용하는 것이다. 그러니 그림자를 억누르지 말고 자신을 위한 힘으로 바꿔라.

융의 말을 전하며 마무리하겠다.

"자기 내면을 볼 수 있을 때 비전이 명확해진다. 밖을 보는 사람은 꿈을 꾸고, 안을 보는 사람은 깨어난다."

———

* '온전함'에 대해서는 〈완벽한 자신이 아닌 온전한 자신으로 살아라〉에서 보다 깊게 다루겠다(288쪽).

착한 사람은 왜
자신을 희생하기만 할까?

'착한 사람 증후군(Nice Guy Syndrome)'이라는 말을 들어 봤을 것이다. 이 증후군에 빠진 사람들은 다른 사람에게 잘 보이거나 미움받고 싶지 않아서 '착한 사람의 이미지를 유지해야 한다'라는 강박증에 시달린다. 쉽게 말해 '착해 보이고 싶은 것'이다. 이들은 겉보기에 사회에 잘 적응하고, 인간관계도 문제가 없어 보인다.

하지만 실상은 다르다. 남들이 보는 자기 이미지만 신경 쓰고 자신을 챙기지 못한 탓에 좋지 않은 방향으로 흘러간다. 가령 모든 잘못을 자기 탓으로 돌리거나, 누군가의 부탁을 거절하지 못해 무리하게 자신을 희생

한다. '착한(좋은) 사람'이 되려고 남들에게 최선을 다했는데, 남아있는 건 초라한 자신뿐이다. 심한 경우 우울증이나 공황장애에 걸리기도 한다.

도대체 왜 이런 일이 발생할까? 흔히 말하듯 정말 '착한 사람'이 살기엔 이 세상이 악해서일까? 이번 장에서는 그 근본적인 이유를 살펴보면서 '착하다'의 진짜 의미를 알아보겠다. 이미 앞에서 '자신의 어두운 면을 직면해야 한다'라고 말했다. 이 말을 상기하며 따라온다면 쉽게 이해할 수 있을 것이다.

타인의 기대와 압력

친구들과 함께한 자리에서 '이거 한 번만 먹어봐!'라는 말에 억지로 음식을 먹은 적이 있는가? 사실 배도 안 고팠고, 좋아하는 음식도 아니었는데, 단지 친구가 실망할까 봐, 또는 좋은 분위기를 깨고 싶지 않아서 꾹 참고 음식을 먹었던 기억. 이런 작은 순간들이 쌓이면, 내 삶은 자신이 아닌 타인의 기분에 따라 움직이게 된다. 한

번 생각해 보자.

우리는 단순히 '배려 있는 사람'이 되고 싶은 걸까, 아니면 '거절이 불편해서' 그러는 걸까?

이에 관해 미국의 한 연구팀이 일반 대학생들을 대상으로 한 가지 실험을 했다. 먼저 실험에 참여한 대학생은 낯선 사람과 나란히 앉았다. 낯선 사람은 말없이 초콜릿을 집어먹더니 조용히 그릇을 건넨다. 어떤 강요나 권유가 없는 무언(無言)의 행동이었다.

과연 이 대학생은 낯선 상대를 따라 초콜릿을 먹었을까? 이어서 또 다른 대학생들에도 같은 상황과 조건에서 실험한 결과, 흥미로운 사실을 알아냈다. '남을 기쁘게 해주려는 성향'이 강한 사람일수록 자신의 의향과 상관없이 상대의 행동을 따라 하는 경향이 강했다.

이렇듯 단순한 식사 자리에서도 우리는 타인의 기대와 압력에 영향을 받고 있었던 것이다.

평균에 맞추려는 심리

시험 성적이 유독 잘 나왔을 때, 친구들 앞에서 괜히 점수를 숨긴 적이 있는가? 회의에서 좋은 아이디어가 떠올랐지만, 너무 튀는 게 부담스러워 그냥 입을 다물었던 순간은? 우리는 때때로 자신의 성취를 일부러 감추거나 낮추는 행동을 한다. 단순히 겸손해서가 아니다. 혹시라도 내가 돋보이면 주변 사람들이 불편해하지 않을까, 질투하지 않을까 걱정해서다.

미국의 한 연구팀은 '사람을 기쁘게 하려는 성향이, 개인의 성공을 스스로 억제하게 만들까?'라는 질문을 토대로 한 가지 실험을 진행했다. 먼저 대학생들을 대상으로 성격검사를 진행한 후 경쟁 상황에서 선택을 유도했다. 예를 들어 친구들 앞에서 혼자 뛰어나게 성공했을 때 어떤 감정을 느끼는지 묻고, 이후 실제 과제 수행에서도 일부러 덜 노력하는지를 살펴봤다.

그 결과는 예상보다 명확했다. **남을 기쁘게 해주려는 성향이 강한 사람일수록, 자신만 돋보이는 상황을 불편해했다.** 그들은 이렇게 말했다.

"내가 너무 잘하면, 다른 사람들이 속상해할 것 같아요."

"나만 튀면, 괜히 미움받지 않을까요?"

그리고 그들은 실제 과제에서도 최선을 다하기보다는 평균에 맞추려는 경향을 보였다. 성공이 기쁜 일이 아니라, 주변의 기분을 해칠지도 모른다는 불안 요소가 작용한 것이다.

실망을 주는 연습을 하라

남들을 실망하게 하지 않으려다가 정작 자신이 원하는 걸 말하지 못한 적이 있는가? 미술치료사 케이트 오브라이언(Kate O'Brien)은 이런 사람들의 사연을 오랫동안 다뤄왔다. 그녀에 따르면 많은 이들이 자신의 진짜 욕구를 숨긴 채 '착한 사람'이 되려는 삶을 살고 있다. 그런데 왜 우리는 그렇게까지 남의 기분을 신경 쓰며 살아야 할까?

케이트는 그 이유를 어린 시절의 역할에서 찾았다. 어

릴 때부터 가족을 돌보는 역할을 맡았거나, "너 때문에 힘들어" 같은 말을 들으며 자랐다면, 다른 사람의 감정을 자기 책임처럼 느끼는 습관이 몸에 밸 수 있다. 또한 비교나 비난을 자주 받은 환경에서 컸다면, 사랑받기 위해선 끊임없이 남을 만족시켜야 한다는 믿음이 자리 잡게 된다.

이렇게 형성된 두려움은 성인이 된 후에도 남아 무엇을 결정할 때마다 '혹시 실망시키진 않을까?' 고민하게 만든다. 결국 원하는 삶을 살지 못하고, 늘 타인의 기대 속에서만 움직이게 된다.

그렇다면, 어떻게 벗어날 수 있을까? 케이트는 우선 두려움이 한때는 우리를 지켜주었음을 인정하라고 조언한다. 어쩌면 그 두려움 덕분에 사랑받고, 살아남을 수 있었던 시절이 있었을지도 모른다. 하지만 이제는 다르다. 이제는 작은 실망을 주는 연습이 필요하다.

'아니요'라고 말해보기, 완벽하지 않은 모습 보이기, 굳이 핑계를 대지 않고 거절하기. 그리고 그 결과, 큰일이 벌어지지 않는다는 걸 직접 경험해보라. 물론 그것이 '나쁜 사람'이 된다는 뜻은 아니다.

인간이라면 누구나, 때때로 다른 사람을 실망시킬 수밖에 없다.

수치심에 대한 공포

그렇다면 사람들은 정말 '착한 사람'이 되고 싶어 할까? 혹은 단순히 갈등을 피하려는 마음 때문일까? 심리학적 연구들은 그보다 더 깊은 이유를 가리킨다. 바로 타인을 실망시켰을 때 밀려오는 '수치심의 공포'다. 수치심은 '내가 잘못됐다'란 감각을 만들어내며, 내 존재 자체가 가치 없어진 듯한 느낌을 준다.

그래서 우리는 본능적으로 그 감정을 피하려 하고, 결국 타인의 기대에 맞춰 행동하게 된다. 즉 '착함'은 때때로 타인의 기대를 저버릴 용기가 없을 때 선택하는 안전한 길이기도 하다.

그렇다면 우리는 왜 이렇게까지 '실망시키는 것'을 두려워하는 걸까? 이것은 일종의 통제 욕구와 연결된다. 다른 사람이 나를 어떻게 볼지를 내가 통제하고 싶은 마음이 늘 착하고 순응적인 태도로 이어지는 것이다. 왜냐하면 갈등이 벌어지거나 누군가가 나에게 섭섭함을 느끼는 순간, '내가 나쁜 사람으로 여겨질지도 모른다'라는 두려움과 함께 심한 수치심이 올라온다.

그래서 마치 무대 위 배우처럼 계속해서 '좋은 사람'으로 연기하지만, 그 연기가 반복될수록, 진짜 자신의 욕구와 감정은 점차 억눌리고, 내면은 지쳐간다. 표면적으로는 '착한 사람', '화목을 지키는 사람'으로 보이지만, 실제 내면에는 '거절당할 두려움', '갈등에 대한 공포', '자신을 온전히 드러냈을 때 받을 수도 있는 비판이나 거부에 대한 극도의 회피'가 깔려 있다.

이런 심리는 어릴 때부터 '착해야 사랑받을 수 있다', '남에게 폐를 끼치면 인정받지 못한다'란 메시지를 지속적으로 받으면서 학습되기도 하고, 개인이 가진 기질적 민감성 때문일 수도 있다. 문제는 이렇게 '착한 얼굴'을 유지하려는 페르소나(Persona, 가면)가 자기 내면의 어두운 부분(분노, 반발심, 좌절감)을 억압하게 만든다는 점이다.

앞에서 말한 것처럼, 그림자는 누르면 누를수록 오히

려 무의식의 심층에서 힘을 키우다가 어느 순간 의외의 방식으로 폭발하거나, 계속해서 자기를 갉아먹어 우울감이나 무기력으로 이어진다. 철학자 니체도 '힘이 없어서 착한 척하는 것은 진정한 도덕이 아니다'라고 비판했다. 능동적으로 선택한 선함이 아니라 '거절당할까봐, 갈등이 두려워서' 본인 의지와 상관없이 순응해 버리는 경우가 많기 때문이다.

이런 상태에서의 '착함'은 사실상 '두려움의 산물'이 된다. 갈등을 만들지 못하는 이유가 아예 공격성이나 저항심을 동원할 능력이 없기 때문이거나, 그걸 감당할 자신감이 없어서일 수도 있다. 따라서 '진정한 착함'이란 공격성이나 힘은 있지만, 그것을 책임감 있게 쓰는 것을 선택하는 상태이다.

타인의 시선을 무시하라

그렇다면 당신은 '착한 사람'인가? 다음의 질문을 통해서 스스로 내면을 깊이 들여다보자.

내가 지금 이 사람에게 '예'라고 답하는 이유는 정말 사랑과 존중에서 비롯된 걸까?

아니면 거절했을 때 상대가 나를 싫어하거나 실망할까 봐 두려워서일까?

만약 거절하기 어려운 상황이 반복되고, 늘 '예'라고만 답하는 관계 패턴이 계속된다면, 이건 일시적인 호의가 아니라 '다른 사람이 나를 좋게 봐야만 한다'라는 강박에 가까울 수 있다. 그러나 '다른 사람이 나를 어떻게 볼지'를 통제하려는 노력이 계속될수록, 나는 진짜 내 모습과 점점 멀어지게 된다.

왜냐하면 매번 상대의 기대에 맞추다 보면, 내가 어떤 가치관을 갖고 있는지, 무엇에 기뻐하고 화가 나는지 스스로 모르게 되기 때문이다. 이 과정에서 생기는 감정은 '피로감, 억울함, 공허함, 자기혐오' 등으로 나타난다. 아무리 맞춰줘도 100퍼센트 모든 사람을 만족시키기는 불가능하기에 더 큰 좌절감에 시달릴 수도 있다.

결국 '이렇게까지 노력했는데도 왜 아무도 나를 이해해 주지 않는 걸까?'라는 서운함이 커진다. 게다가 만약 누군가가 조금이라도 나에게 부정적인 태도를 보이면, '이제 난 더 이상 사랑받을 자격이 없나?' 하는 식으로 자기 비하에 빠지기도 한다. 이런 악순환에서 벗어나는 가장 중요한 첫걸음은, 내가 정말로 두려워하는 것이 무엇인지를 인식하는 것이다.

많은 심리학자들이 지적하듯, 남에게 과한 친절함을 베푸는 건 수치심과 거절에 대한 공포의 문제다. 그러므로 "나는 다른 사람이 나를 싫어하거나 실망해도 괜찮다. 그들의 시선이 내 가치를 결정하지 않는다"라는 문장을 입 밖으로 꺼내보고, 자기 자신에게 반복해서 들려줄 필요가 있다. 이는 단순한 긍정적 자기암시가 아니라, 그동안 '타인의 평가가 곧 내 존재 가치'라고 믿어온 사고방식을 바꾸는 핵심 연습이 된다.

이러한 반복 작업을 통해 당신의 그림자를 통합하여 '온전한 나'로 거듭나는 것이다.

다음 문장을 읽으면서 타인의 시선을 무시하라.

나는 때로 누군가를 미워하거나 화를 낼 수도 있는 사람이다. 누군가에게 실망감을 줄 수도 있다.

수치심에 대한 공포를 극복하라

앞에서 언급한 문장을 읽었을 때 어떤 감정이 들었는가? 만약 불편함을 느꼈다면, 바로 그 지점이 '그림자'가 감춰진 곳이다. 이를 극복하기 위해 다음 3가지 방법을 시도해 보자.

(1) 내 감정 자각 훈련

일기를 쓰거나 상담, 신뢰할 수 있는 친구와 대화를 통해 "지금 내가 왜 '예'라고 했는지", "내 안에서 분노가 올라오는데도 왜 참았는지"를 탐색한다. 그리고 분노, 두려움, 서운함이 올라올 때마다 바로 부정하지 않고, '아, 이런 감정이 지금 나에게 있구나'라고 자각해 본다.

(2) 작은 '아니요' 실험

늘 '예'만 외쳐온 사람은 '아니요'를 말하는 것에 큰 용기가 필요하다. 그러므로 아주 사소한 것부터 시작해 볼 수 있다. 예를 들어 "오늘은 일정이 빠듯해서 힘들 것 같아요", "그건 제가 동의하기 어려운 부분이에요" 같은 짧은 문장을 연습해 보는 것이다. 이 작은 '아니요' 경험이 쌓이면, "거절하더라도 관계가 곧바로 깨지는 것은 아니구나", "거절해도 나는 괜찮은 사람이구나"라는 새로운 확신을 얻을 수 있다.

(3) 자기 가치 재확인

"나는 누군가에게 인정받아야만 가치 있는 존재가 아니다"라는 말을 적극적으로 되뇌자. 어린 시절 학습된 '착해야만 사랑받는다'란 내면화된 믿음이 강할수록, 이를 깨뜨리기 위한 확언(Affirmation)이 필수적이다. 그러니 "실망을 안겨줘도 괜찮다. 나의 가치는 변하지 않는다"라는 말을 자주 곱씹어보자.

* * *

결국 남을 만족시키려는 태도는 표면적으로는 '착함, 호의' 같아 보이지만, 실제로는 수치심과 두려움을 피하려는 행위일 가능성이 매우 높다. 이런 습관이 지속되면, 나 자신도 어느 순간 '그냥 나는 원래 착한 사람'이라고 착각할 수 있지만, 더 깊이 보면 '다른 사람이 나를 어떻게 볼지 두렵다'라는 심리가 숨어 있다.

그 두려움을 인정하고 직시하는 것이 변화의 출발점이다. 앞서 인용한 글들에서도 강조되었듯이, 우리에게 필요한 것은 진정성이다. 온유함이나 친절함 자체가 나쁜 게 아니다. 다만 그것이 두려움 때문에 기계적으로 발동되는 착함인지, 아니면 내가 가진 힘과 자유 가운데서 선택하는 온유함인지를 구별해야 한다.

내 안에 공격성도 있고, 다른 사람을 실망시킬 수도 있는 가능성을 충분히 인정하면서도, 그것을 성숙하고 책임 있는 방식으로 다루는 사람이야말로 '자유롭게 친절할 수 있는 사람'이 된다.

중요한 것은, '나는 있는 그대로 충분하다'라는 믿음이다.

완벽하지 않아도, 갈등을 빚거나 누군가를 실망하게 해도, 내 존재 가치가 사라지지 않는다는 말을 스스로에게 되풀이해 주자. 이것이 '나'를 보호하는 방법이며, 동시에 진정한 관계를 만들어가는 길이다. 이제 남을 기쁘게 하려고 노력하기보다 내가 정말로 하고 싶은 말과 행동을 선택할 자유를 쟁취해 보자. 선택을 통해 생기는 갈등이나 실망은, 오히려 서로를 성숙하게 만드는 과정이 될 수 있다.

죄책감, 관계를 새로 세우는
출발선이다

앞 장에서 수치심을 두려워한 나머지 타인의 시선을 지나치게 의식하게 된다는 점을 이야기했다. 그러다 문득, '수치심과 죄책감은 같은 감정일까?'라는 의문이 들 수도 있다. 이번에는 죄책감에 대한 오해와 진실들을 이야기하겠다. 사실 죄책감과 수치심은 비슷한 듯 보여도 본질적으로 전혀 다른 감정이다. 우리가 주목해야 할 핵심 질문은 이것이다.

'우리는 죄책감과 수치심을 어떻게 구분하고, 특히 죄책감을 어떻게 건설적으로 활용할 수 있을까?'

죄책감과 수치심의 차이

먼저 '죄책감'은 잘못된 행동에 대한 후회나 미안함으로부터 비롯되어 '나의 이 행동은 잘못했다'라는 인식을 심어준다. 반면 '수치심'은 '내가 근본적으로 잘못된 존재다'라는 느낌으로 이어져 자기 자신을 부정하게 만든다. 이런 차이가 결과적으로 우리 삶과 관계 맺는 방식에 커다란 영향을 준다는 점이 여러 심리학 연구와 전문가들의 의견에서 공통으로 드러난다.

죄책감에 대해 연구한 심리학자 준 프라이스 탱니(June Price Tangney)는 "죄책감은 우리가 다른 사람을 아끼고 존중하기 때문에 생기는 것"이라는 점을 강조한다. 즉 죄책감의 밑바탕에는 상대에게 미안함을 느낀다는 관심과 배려가 깔려 있으므로, 이를 어떻게 해석하고 활용하느냐에 따라 우리의 성장과 관계 회복에 도움이 될 수 있다는 말이다.

그러나 수치심은 이야기가 다르다. "내가 잘못된 사람"이라는 자기 부정이 커질수록 행동을 바꿀 동기 대신 자괴감만 깊어지고, 때로는 공격적인 성향이 강하게 나오기도 한다. 이는 죄책감이 주는 '잘못된 행동에 대한 후회'와 달리, 수치심은 '나 자체가 문제'라는 인식을 고착시키기 때문이다.

더욱이 수치심을 벌주는 방식으로 사용하면 잘못된 행동을 근절하기는커녕 오히려 더 심화시키는 역효과가 난다. 누구도 "너는 나쁜 사람이야"라는 직접적인 공격을 듣고 싶은 사람은 아무도 없으며, 그로 인해 바람직한 방향으로 변화하는 경우는 극히 드물기 때문이다.

더 쉬운 설명을 위해 사전적 정의를 잠시 빌려오면 《아메리칸 헤리티지 사전(American Heritage Dictionary)》에서 죄책감은 '잘못된 행동에 대한 후회나 결점에 대한 자책'이라고 못 박아 정의한다. 즉 특정 행위의 문제점을 인정하고 후회하는 감정이라는 것이다. 반면 수치심은 '자신을 근본적으로 잘못된 존재라고 보게 만드는 파괴적인 생각'으로 발전하기 쉽다.

그렇다면 수치심에 빠지지 않고 죄책감의 긍정적 면모를 살리는 구체적인 방법은 무엇일까?

첫째, 비판할 때는 상대의 인격이 아니라 행동에 초점을 맞춰야 한다.

많은 사람이 실수하는 부분이 바로 여기다. "넌 왜 이렇게 이기적이야?"라고 말하면, 상대는 자신의 행동이 아니라 '자기 존재 자체가 문제'라는 느낌을 받는다. 이렇게 되면 방어적인 태도를 보이거나 아예 대화를 차단해 버린다.

둘째, 상대의 행동과 목표를 연결해 지적하는 것이다.

예를 들어 "이번 행동은 네가 원래 중요하게 생각하는 배려심과는 좀 다르게 보였어." 이렇게 말하면 상대는 자신이 원래 지향하는 모습과 현재 행동이 어긋났다는 사실을 인식하게 된다. 그러면 반발하기보다는 스스로 수정하려는 태도를 보일 가능성이 높아진다.

자신이 잘못했음을 알고 죄책감을 느끼는 이에게는, 그들이 중요하게 여기는 가치와 목표를 함께 인정해 주는 태도가 필요하다. "네가 원래 소중히 여기는 가치를 존중한다. 그래서 이번 행동이 그 가치에서 벗어난 부분이라 안타깝다"라고 말해주면, 상대는 '내가 애초에 지향했던 모습'과 '실수로 인해 어긋난 행동' 사이에서 반성할 수 있는 여지가 생긴다.

이는 곧 "내가 나쁜 인간이라서가 아니라, 이번 일에서 나의 행동이 잘못되었다"라는 건강한 죄책감으로 이어진다. 더 나아가, 자신의 감정을 숨기지 않고 솔직하게 전달하는 것도 중요하다. 문제 상황을 지적하는 입장이라고 해서 불편함을 숨길 필요는 없다. "네 행동 때문에 난 정말 당황스럽고 힘들었어"라는 식으로 이야기하면, 상대에게 내가 느낀 감정의 진솔함이 전달된다.

결국 그 사람도 자신이 미친 영향력을 직접 느끼게 되어, 단순한 방어보다 반성에 가까운 태도로 접근할 가능성이 커진다.

죄책감과 수치심을 활용하라

───────

사람들은 "네가 이걸 꼭 해야 해"라는 요구 자체에는 비교적 순순히 응할 수 있다. 쓰레기를 치우라거나 보고서를 제출하라는 요청 정도야 어느 정도 이해가 가능하다. 그런데 문제는 '어떤 방식으로 하라'고 세세하게 지시받을 때 생기는 거부감이다.

사회심리학자인 로이 F. 바우 마이스터(Roy F. Baumeister)는 이렇게 말했다.

죄책감은 좋지 않은 기분을 안겨주지만, 우리는 그런 기분을 피하고자 배우자나 집단 구성원과 더 좋은 관계를 쌓기 위해 행동하게 된다.

인간은 생존에 필요한 기본 욕구 다음으로 자신의 삶을 통제하고자 하는 욕구가 매우 강하다고 한다. 즉, 어떻게 행동해야 하는지 스스로 결정할 수 있을 때 동기가 유지되고, 죄책감 역시 '앞으로 더 잘하겠다'라는 의지로 바뀐다.

죄책감을 느끼는 사람에게 "내가 다 정리했으니 넌 이대로 하면 돼"라며 강압적으로 지시하는 일은 피해야 한다. 오히려 스스로 행동을 수정하거나 대안을 찾을 수 있도록 질문을 던지는 편이 낫다. "앞으로 어떻게 하면 좋을 것 같아?"라고 물어보면, 상대는 자기 결정을 통해 책임감을 느끼고 실제 행동으로 옮길 가능성이 훨씬 커진다.

죄책감에는 사람을 변화시키는 긍정적인 가능성이 내재해 있다. 수치심으로 자신을 깎아내리는 대신, 죄책감에 머무르는 사람은 '이 문제를 어떻게 해결할 수 있을까?'라는 건설적인 질문을 던질 여유를 가지게 된다. 잘못된 행동을 했어도, 다시금 관계를 회복하고 보다 성숙해질 기회로 삼는 것이다.

심리학자들은 실제로 "죄책감을 자주 느끼는 사람일수록 다음번에는 더 신중하고 배려 있게 행동하려 한다"라는 연구 결과를 내놓았다. 실수에서 교훈을 얻고, 그 실수를 반복하지 않도록 자기 행동을 조정한다는 것이다. 반면 수치심에 빠진 사람은 근본적 자아를 부정하는 데서 오는 고통으로 인해 오히려 자기나 타인을 공격하거나, 상황 자체를 피하려 들 가능성이 높다.

이제 수치심과 죄책감을 구별하여 '수치심의 덫'에서 벗어나라. 그다음 죄책감은 수치심이 되기 전, 멈출 기회를 주는 '알람 신호'라는 중요한 사실을 잊지 말라.

가족이나 친구와의 갈등에서도 이 원리는 동일하다. 우리가 누군가에게 피해를 줬다면, 그에 대한 미안함으로 속이 불편해질 수 있다. 그런데 그 불편함을 그냥 억누르거나 무시하면, 죄책감이 수치심으로 변질되어 자기 비하로 빠질 가능성이 커진다.

반대로 "상대가 입은 상처를 조금이라도 줄이기 위해 나는 무엇을 할 수 있을까?"라고 질문을 던지면, 관계를 돌이킬 기회가 생긴다. 갈등은 누구나 경험하지만, 이를 통해 새로운 배움을 얻고 더 단단해질 여지는 항상 존재한다.

물론 죄책감을 긍정적으로 전환하는 과정이 쉽지만은 않다. 자칫하면 자기 비난이 깊어지거나, 상대와 마주하기가 두려워서 회피하게 될 수도 있다. 죄책감이 지나치게 커져서 일상에 지장이 생길 정도라면, 전문가와 상담하며 "왜 이토록 괴로움을 크게 느끼는가?"를 함께 탐색해 보는 것도 방법이다.

죄책감의 뿌리에 있는 '관계를 회복하고 싶다'는 마음

을 무조건 억누를 필요는 없기 때문이다. 오히려 그 마음을 인정하고, 구체적인 대안을 찾는 데 힘을 쓰면 조금씩 해결책이 보일 수 있다.

죄책감은 인간관계를 망치는 짐이 아니라, 더 나은 방향으로 나아가게 한다. 수치심이 "나는 잘못된 존재야"라고 속삭이며 우리를 움츠러들게 만든다면, 죄책감은 "그때 더 나은 선택을 할 수도 있었어. 이제 어떻게 할까?"라고 묻는다. 이 차이가 성장과 회복을 가른다. 그러니 만약 지금 죄책감에 짓눌려 있다면, 그것을 무조건 떨쳐내야 할 감정으로만 여기지 말고 이렇게 물어보자.

"내가 왜 이렇게 미안할까? 앞으로 무엇을 다르게 할 수 있을까?"

이 작은 질문이야말로 후회를 배움으로 바꾸고, 관계를 다시 세우는 출발선이 될 것이다.

분노는 협상의
강력한 도구다

　우리가 일상에서 느끼는 다양한 감정 중에 '분노'는 다루기 어렵고 불편하게 여기는 사람들이 많다. 일단 화를 내면 자신은 물론 다른 사람에게 해를 입히거나, 화를 내는 자신을 혐오하기도 한다. 과연 분노는 우리에게 부정적인 영향만 끼치는 감정일까?

　영화 〈캡틴 아메리카: 시빌 워(Captain America: Civil War)〉를 보면, 전 세계가 '어벤져스'의 활동 때문에 발생한 피해를 주목한다. 그리고 이 피해를 통제하고자 '슈퍼히어로 등록제(소코비아 협정)'가 제안되는데 두 가지 의견이 대립하게 된다. 먼저 '아이언맨'은 "더 이상 무고한 희생자가 생기지 않도록 국제기구의 감독을 받자"라는 입장이다.

반면 '캡틴 아메리카'는 "정치적 간섭에 묶이면 제때 행동하기 어렵다"라며 맞선다. 서로 하는 말은 다르지만, 근본 의도는 같다. 그러나 '어떻게 더 많은 사람을 지킬 것인가?'를 고민하는 과정에서 분노가 불거진다.

이렇듯 '분노'라는 감정은 의외로 '이타적 동기'에서 출발할 수도 있다. 물론 분노가 아무리 선한 마음에서 나왔다 해도, 그 표현 방식이 과격해지면 상대방을 겁주거나 상처를 입히기 쉽다. 실제로 이야기해 보면 서로의 의견 차이를 좁힐 여지가 있는데, 화를 주체 못해 버럭버럭 소리부터 지르면 대화 자체가 막혀버린다.

그래서 '내가 왜 이렇게 화났는지, 지금 내 상태를 어떻게 전달할지' 잠깐이라도 생각해 볼 필요가 있다. 예를 들어 이런 식으로 감정을 미리 드러내 놓으면 좋다.

"요즘 제가 좀 예민해졌는데, 그렇다고 이 문제를 피할 순 없어서 이야기를 꼭 해보고 싶어요."

"지금 많이 화가 난 상태라 말투가 공격적일 수 있지만, 사실 내 의도는 그게 아니에요."

"이 상황이 너무 불편한데, 그게 말로 튀어나올까 봐서 걱정이에요. 그래도 함께 해결해 보고 싶어요."

이런 문장은 상대의 방어적인 경계심을 풀도록 도와준다. 그리고 먼저 사전에 양해를 구했기 때문에 적대적으로 듣기보다 우선 '경청'하려 들고 '무슨 일이 있던 걸까?'하는 자세를 취하도록 만든다.

분노를 건강하게 활용하라

분노는 대화뿐 아니라 협상에서도 중요한 역할을 한다. 기업에서 갈등이 오래 방치되다가, 누군가가 분노를 터뜨리며 "더 이상 못 참겠다. 지금 당장 해결책을 내라"고 압박을 가하면, 그제야 문제가 급속도로 진행되는 경우가 있다. 이때 분노는 일종의 '지렛대(Leverage)'가 되어 상대방이 "이대로 두면 더 큰 문제가 생길지 모른다"라고 느끼게 만든다.

하지만 분노가 너무 잦거나 과도하면, "쟤는 맨날 화만 내네" 하고 무시당할 수 있다. 결국 분노가 효과적인 추진력이 되려면, 강도를 조절하고 왜 화났는지를 이해시킬 만한 이유가 뒷받침돼야 한다. 실제로 한 연구팀은 '협상 실험'을 통해 분노를 드러낸 쪽이 상대방에게서 더 많은 양보를 받아내는 경향이 있음을 발견했다.

예컨대 "이 금액은 말도 안 될 만큼 낮다"며 강경하게 나오면, 상대가 심리적 압박을 느껴 좀 더 나은 조건을 제시한다는 것이다. 다만 분노가 너무 과하거나 어색하게 연기된 것처럼 보이면 오히려 신뢰만 떨어뜨린다고 지적했다.

비슷한 맥락의 또 다른 연구에서도, 처음에는 분노가 유리해 보이지만 시간이 지날수록 "저건 진짜가 아니라 과장된 화 같은데?"라고 의심받는 순간, 분노를 내는 사람 쪽이 역효과를 봤다고 한다. 무조건 큰소리를 낸다고 협상이 잘 풀리는 게 아니라, 정당한 이유와 적절한 수위가 있어야 분노가 힘을 발휘한다는 결론이다.

문제는 자신도 분노 상태를 잘 모를 때가 많다는 점이다. 이럴 땐 자동차 속도계를 떠올리는 방법이 큰 도움이 된다. 시속 50km 이하가 '평온하고 차분한 상태'라면, 120km쯤 되면 이미 '꽤 화가 난 상태'란 식으로,

지금 내 감정 속도가 어느 지점에 있는지 점검하는 것이다.

예를 들어 "아, 내 분노가 시속 110~120km쯤 되는구나"라고 깨닫는 순간, "이대로 더 가속하면 폭발하겠는데?" 하고 자신을 멈출 수 있다. 감정을 무작정 억누르기보다는 "이 정도 선이면 잠시 휴식을 취하거나, 대화를 잠깐 끊어두는 게 낫겠다"라는 식으로 대응책을 마련하는 게 현명하다.

분노가 어디까지 치솟았는지 인식하는 것만으로도, 충동적 폭발을 예방할 수 있다.

결국 분노 자체를 선악(善惡)으로 나누기보다는, 어떻게 제어하고 어떤 맥락에서 표현하느냐가 핵심이다.

분노를 건강하게 활용하려면 다음 네 가지가 중요하다.

첫째, 무작정 높은 톤으로 돌진하지 않는다.

'내가 지금 얼마나 화가 났는지'를 먼저 알아차린다.

둘째, 분노의 목적을 분명히 밝힌다.

'왜 화가 났고, 어떤 변화를 원하는지'를 상대가 이해해야 협상이든 대화든 진전이 생긴다.

셋째, 진정성이 따라붙어야 한다.

억지로 분노를 연기하거나 과장하면, 금방 들통나서 역효과만 난다.

넷째, 이타심을 드러내는 것도 큰 힘이 된다.

"내가 보호하고 싶은 사람이나 가치가 있어서 화가 난 거다"라고 말하면, 상대도 '단순히 화풀이가 아니라 뭔가 지키려는 마음이 있구나'라고 느낀다.

이 4가지 요소가 맞물리면, 분노는 더 이상 갈등 상황을 끝도 없이 파괴하기만 하는 감정이 아니다. 오히려 사람들의 관심을 빨리 한곳에 집중시키고, 더 나은 결과를 끌어내는 추진력이 될 수 있다.

분노를 적절히 다룰 수 있다면, 갈등을 해결하고 협상을 유리하게 이끌어가는 강력한 도구로 삼을 수 있다.

분노를 활용한 4단계 협상

분노가 무조건 나쁘다고만 배척하기보다 적절한 수위와 목적, 그리고 '진정한 동기'를 갖췄을 때 비로소 그 힘을 우리에게 유익한 쪽으로 전환할 수 있다.

분노를 건강하게 활용해 협상하는 4단계 방법을 살펴보자.

(1) 협상 전(준비 단계)

먼저 '감정 속도계'로 분노 수준을 점검한다. 협상 테이블에 앉으면 긴장감에 분노가 갑자기 솟구칠 수 있다. 그러니 먼저 '내 분노는 지금 시속 몇 km쯤일까?'를 확인해 보자. 시속 60~70km 정도면 '살짝 짜증 나는 수준'이라 빠르게 조절하기 쉽다. 이미 100km 이상이라면 꽤 격해진 상태이니 짧은 휴식이나 호흡 조절을 하는 게 좋다.

"요즘 일이 많아 짜증이 쌓여 있는 것 같아. 지금 내 기분은 한 90km 정도? 협상 들어가기 전에 커피라도 한 잔하고 심호흡해야겠어."

(2) 협상 초반(탐색 단계)

내 감정을 확실하게 알리고 목적을 분명히 한다. 분노를 억지로 숨기면, 상대는 표정이나 말투에서 미묘한 불쾌감을 느끼면서도 '왜 화가 났는지' 알 수 없다. 차라리 짧게나마 상황을 설명하면, 상대도 '경청 모드'로 들어올 가능성이 커진다.

감정 상태 알리기

"솔직히 지금 화가 좀 난 상태야. 근데 이 문제를 제대로 해결하고 싶어."

왜 화가 났는지, 무엇을 원하는지 밝히기

"이 부분이 전혀 반영되지 않는 것 같아서 답답해. 적어도 ○○만큼은 고려해 주면 좋겠어."

이타심과 진정성 언급하기

"내가 괜히 화내는 게 아니라, 서로에게 더 좋은 결과가 필요하다고 생각해서 그래."

(3) 협상 중반(조정 단계)

분노 강도를 조절하면서 타협 여지를 제시한다. 협상의 열기가 올라가면 감정이 폭발하기 쉽다. 이때 "내가 속도계를 몇 km로 밀어붙이고 있지?" 하고 한 번 더 확인해 보면, 과열을 방지할 수 있다.

실전 TIP

강도 조절하기

목소리를 너무 높이거나 상대방 인격을 무시하는 표현을 자제한다.

"말도 안 되는 소리만 하고 있네." (X)

"나는 이 조건이 전혀 이해가 안 돼서, 분명히 짚고 넘어가고 싶다." (O)

타협 여지 제시하기

"○○만 받아들여 준다면, 나도 □□ 부분은 양보할 수 있어."

이런 식으로 '해결 의지'를 보여주면, 상대도 "화만 내는 게 아니라 함께 뭔가를 맞추고 싶어 하는구나"라고 느낀다.

(4) 협상 마무리(수습 및 관계 정리 단계)

지나친 감정 폭발을 다듬고, 의미를 부여한다. 분노가 너무 높이 치솟았던 상황이라면, 관계가 상할 위험이 있다. 협상이 끝나가더라도 "혹시 감정적으로 지나치진 않았나?"를 점검하고, 상대방 기분을 살펴볼 필요가 있다.

실전 TIP

감정 폭주 수습하기

"아까 내가 좀 언성이 높았지? 그만큼 이 문제를 진지하게 보고 있다는 뜻이었어. 혹시 기분 상했다면 미안해."

상호 긍정 마무리하기

"결론적으로 우리 둘 다 좋은 쪽으로 가려고 노력한 거니까, 여기서 더 발전시켜 보자."

이런 한마디가 분노로 생긴 틈을 어느 정도는 메워줄 수 있다.

* * *

분노는 숨기기보다 적절히 '보여주면서 조절'해야 협상을 유리하게 이끈다.

'감정 속도계'를 활용해 분노 수준을 인지하고, 협상 단계마다 분노의 강약을 조절하되 '진짜 목적(이타심 포함)'을 분명히 말하면 상대는 나를 '화난 사람'이 아니라 '중요한 문제를 해결하려는 사람'으로 보게 된다. 또한 협상의 마지막에는 감정 폭발로 생긴 상처가 남지 않도록 간단히라도 설명을 해주자. 그래야 다음 협상이나 관계에서도 긍정적 흐름을 이어갈 수 있다.

불안은 뛰어난
'위험 탐지기'다

우리는 일상에서 자주 '불안'을 마주한다. 지하철에서 감기에 걸린 사람이 마스크를 안 쓴 채 콜록거리면 괜히 신경 쓴다거나, 발표를 앞두고 밤새 잠이 오지 않아 뒤척이는 경험도 흔하다. 이런 순간, 우리는 불안을 꺼버리고 싶은 불쾌한 감정으로 여기며, 누구나 긴장 없는 평온한 삶을 꿈꾼다.

그러나 적절한 불안이 없는 삶은 그리 행복하지 않을 수 있다. 왜냐하면, 불안은 우리가 뜻밖의 위협에 휩쓸리지 않도록 도와주는 '위험 탐지기'의 역할을 하기 때문이다. 이 장에서는 불안을 단순한 부정적 감정이 아닌, '삶을 이어가게 하는 원동력'으로 재조명하는 동시에 '불안이 정도를 넘으면 어떻게 몸과 마음의 건강을 해칠 수 있는지'를 살펴보겠다.

불안한 감정의 역할

우리가 지금 느끼는 불안은 수십만 년 전, 혹은 그보다 더 오래된 조상들로부터 물려받은 본능적 기제일 수 있다. 예컨대 태곳적 인류가 사막이나 밀림에서 맹수로부터 생존하기 위해서는 극도로 예민한 감각과 위험 징후에 대한 반응 속도가 중요했다. 바람 소리가 이상하게 들리거나 나뭇가지가 부러지는 소리가 나면, '무언가 숨어 있지 않을까?' 하고 미리 긴장해야만 목숨을 지킬 수 있다.

진화심리학에 따르면, 이러한 경계심과 두려움은 과도할 정도로 활성화되어 있어야 생존에 유리했다. 조금이라도 방심하면 죽음에 이를 수 있는 야생 환경에서는 실제로 호랑이가 없는데도 호랑이가 있는 줄 착각하는 쪽이 호랑이가 실제로 있는데 없는 줄 알고 안심해 버리는 쪽보다 훨씬 안전했기 때문이다.

이처럼 불안은 우리 몸과 마음에 내장된 '조기 경보 시스템'이다. 물론 시대가 바뀌고 대도시에서의 삶이 보편화된 현대에는 맹수를 마주칠 일은 없지만, 회사에서 '이 프로젝트가 잘못되면 어떻게 하지?'라는 고민을 할 때, 낯선 사람들 사이에서 '내가 잘 적응할 수 있을까?' 하고 불안해할 때, 혹은 사업가들이 매일 매 순간 느끼는 위기의식처럼 '위험 탐지기'가 작동하는 양상은 옛날과 별반 다르지 않다.

불안이 단순히 '목숨을 지키려는 본능'에서 비롯된 것만은 아니다. 사회심리학적 관점에서는, 인간이 대체로 사회적 동물이므로 "집단 내에서 인정받지 못할까 봐" 혹은 "사람들에게 버림받을까 봐" 생기는 불안도 크다고 말한다. 소속감은 생존과 밀접한 연관이 있으므로, 과거 공동체에서 쫓겨나는 것은 곧 생존이 위태로워지는 일과 같다.

현대 직장인에게 상사의 평가나 동료의 시선이 괜히 신경 쓰이는 것도, 뿌리를 따져보면 "이 집단에서 내가 소외되면 어쩌지?" 하는 두려움의 변주일 수 있다. 즉, 타인과의 관계에서 발생하는 불안 역시 인간이 살아남기 위해 진화 과정에서 획득한 '사회적 안전장치'인 셈이다.

불안이 '위험 탐지기'로써 작동할 때 개인의 심리와 행동에는 일정한 흐름이 나타난다. 이 과정을 이해하면, "왜 내가 갑자기 이런 감정을 느끼고 이런 행동을 취하는지"를 조금은 객관적으로 파악할 수 있다.

불안이 작동하는 4단계

다음은 여러 심리학적 아이디어를 토대로 재구성한, 불안이 작동하는 대표적인 4단계다.

(1) 예감하기: 낌새를 알아차리는 순간

직감이나 작은 단서를 통해 위험이나 문제가 생길지도 모른다는 '예감'을 얻는 순간이다. 실제로 그 문제가 존재하는지는 아직 확실치 않더라도, 감정적으로는 이미 살짝 긴장이 시작된다. 예를 들어 메일함에 상사에게서 온 메시지가 하나 들어왔다는 사실만으로도 '무슨 문제가 생긴 걸까?' 하고 심장이 두근댈 수 있다.

이 단계에서 우리의 뇌는 수많은 정보를 빠르게 스캐닝하며, 과거 유사 상황과 비교하고, 잠재적 악화를 막기 위한 준비 태세에 돌입한다. 일종의 '초기 방어막'을 올리는 과정인 셈이다.

(2) 경각심 높이기: 의심과 몰입

예감한 위험이 조금 더 현실감 있게 다가오면, 경각심이 본격적으로 고조된다. '설마 진짜로 일이 터지는 건 아니겠지?' 하는 의심과 함께 몸이 가벼운 긴장 상태에 들어간다. 시선이 거칠어지고, 소리 하나에도 민감하게 반응한다. 머릿속에서는 가능한 최악의 시나리오가 떠오르기도 한다.

이 단계에서는 타인의 반응이나 주변 환경 변화를 자세히 살펴보는 '몰입 상태'가 나타난다. 현대인에게는 회사나 가정, 혹은 다양한 인간관계에서 뭔가 좋지 않은 조짐을 잡았을 때 이런 단계가 두드러진다.

(3) 대응 행동: 알리고, 준비하고, 협력하기

경각심이 일정 수준에 달하면, 사람들은 본능적으로 문제를 공유하거나(동료나 친구에게 말하기), 추가 정보를 찾으려 애쓰거나(인터넷 검색, 전문가 상담), 새로운 대비책을 마련하기 시작한다.

주변에 알리기: 무언가 이상 징후가 보이면 우선 가족, 동료, 친구에게 털어놓거나, 공동의 방안을 모색하려 한다. 심리학적으로도 혼자 불안을 떠안기보다는 누군가와 공유하는 것이 스트레스 해소에 효과적이다.

대비책 마련하기: 불안이 깊어질수록 우리는 여러 시나리오를 머릿속에 그려보며 "A가 안 되면 B, B가 안 되면 C" 같은 식의 계획을 세우곤 한다. 이것은 지나치지만 않다면 능동적 준비를 돕는다.

이처럼 불안은 '적절한' 단계에서 다른 사람과의 협력을 이끌어내고, 사전 대비책을 구체화하게 만든다. 만약 전혀 불안하지 않다면, 필요 이상의 방심으로 오히려 큰 위기에 무방비로 놓일 수도 있다.

(4) 장기 집중: 문제 해결, 또는 위험 해소 전까지

위기가 가시화되거나 불안이 한층 심해지면, 사람들은 다른 욕구를 억누르고서라도 문제 해결에 매달린다. 이 단계에서는 식사나 수면조차 뒷전이 될 수 있으며, 대부분의 심리적 에너지가 사태 수습에 집중된다. 단기적으로 보면 엄청난 집중력을 발휘할 수 있어, 문제를 신속히 처리하거나 크게 확산되는 걸 막을 수 있다.

하지만 이 상태가 오래 지속되면, 결국 체력과 정신 건강이 한계점에 다다르기 쉽다. 중요한 건, 실제로 위험이 해소되거나 상황이 종료된 뒤에는 적절한 회복 시간이 따라야 한다는 점이다. 그렇지 않으면 만성 불안에 빠지거나, 심각한 번아웃을 겪을 수 있다.

불안: 성장 동력 vs 만성 스트레스

---

(1) 불안이 주는 긍정적 힘

집중력과 몰입: 적당한 긴장은 사람을 더욱 예민하고, 주의 깊게 만들어준다. 가령 발표를 앞두고 느끼는 불안은 오히려 발표 자료를 꼼꼼히 점검하게 해서 성과를 높여주곤 한다.

미리 대비하게 함: 재정 상태가 불안정해질까 봐 걱정하는 마음이, 절약 습관을 기르고 저축 계획을 세우게 하는 식으로 현실적 대비책을 마련하도록 유도한다.

공동체 소통 촉진: 불안을 혼자 감당하기 어려워 주변에 알리면, 이는 자연스럽게 의사소통과 협력을 이끌어낸다. 또한 개인적 고민이 공동의 해결 과제로 전환되기도 한다.

(2) 불안이 정도를 넘으면 일어나는 문제

신체적·정신적 소진: 지나친 불안은 수면 장애, 소화

불량, 만성 피로 등을 일으키며, 우울감이나 무력감으로 이어질 수 있다.

비합리적 의심과 갈등: 필요 이상의 경계심은 다른 사람들을 지나치게 의심하게 만들고, 대인관계를 악화시킬 수도 있다.

행동 회피: 불안이 너무 크면 '어차피 난 안 될 것 같아'라는 생각에 새로운 시도를 포기하고, 위축된 삶을 살기 쉽다.

결국 불안은 양날의 검과 같다. 적정 수준에서는 '도전을 가능케 하는 각성제'가 되지만, 한계를 넘어서면 '일상을 옥죄는 족쇄'가 되기 때문이다.

불안 조절, '관리'가 중요하다

앞서 설명했듯이, 불안은 우리가 잘못된 길로 들어서

지 않도록 미리 알려주는 기능을 한다. 하지만 여기에는 전제 조건이 있다. '실수를 무조건 막아야 한다'라는 강박에 빠지면, 오히려 불안의 긍정적 기능을 누리기 어렵다. 삶에서 실수를 제거하는 건 불가능할뿐더러, 실수를 지나치게 두려워하는 태도는 새로운 시도 자체를 가로막기 때문이다.

오히려 실수를 마주했을 때 "내가 이번에 잘못했지만, 다음에는 더 잘해볼 수 있을 거야"하고 인지하는 태도가 중요하다. 이 과정에서 불안은 "다음번엔 이런 점을 좀 더 조심하자"라는 교훈을 '각성 수준'에서 되새기게 해주는 역할을 한다. 즉 불안은 우리가 또 다른 실패를 반복하지 않도록 '안전장치'를 마련해주기도 한다.

물론 누군가에겐 불안이 너무 극심해 일상 기능마저 어려울 수 있으며, 이때는 전문가의 도움을 받아야 한다. 정신건강의학과 상담, 인지행동치료(CBT), 약물 치료 등 다양한 방식이 존재한다. 심각한 불안을 혼자 견디려 하기보다는, 그것을 해결하고 관리하는 다양한 길이 있음을 기억하자.

살다 보면 누구나 크고 작은 파도를 만난다. 불안이란

파도 역시 거기에 속한다. 어떤 파도는 금방 잔잔해질 테고, 또 다른 파도는 잠시 우리를 휩쓸 수도 있다. 그러나 파도 자체가 나쁜 건 아니다. 파도를 전혀 만나지 못하는 바다는 잔잔할진 몰라도, 그 어떤 변화를 만들어내지 못하기에 오염이 될 수도 있으니까.

'불안'이라는 파도는 우리가 삶이라는 바다를 항해할 때 더 넓은 지평으로 나아가도록 하는 동력이 된다. 그러므로 이 파도를 피할 것이 아니라 파도의 리듬을 읽고, 균형을 잡으며, 나아가는 법을 익혀야 한다.

'불안의 파도'를 완전히 잠재우기보다는, 그 파도와 함께 항해하는 법을 배워라.

이것이야말로 우리가 불안을 통해 얻을 수 있는 가장 큰 통찰이 아닐까? 불안이라는 감정을 조금 다른 관점으로 바라볼 때, 비로소 그 안에 숨겨진 성장의 가능성을 발견하게 된다. 그리고 그렇게 거듭난 우리 자신은 이전보다 조금 더 단단해지고, 삶의 풍랑에서도 방향을 잃지 않는 힘을 갖게 될 것이다.

나의 어두움을 역이용하라

인간은 '감정의 동물'이다. 그러므로 감정에 휘둘리는 것이 당연하다. 그런데 인간은 '복잡한' 존재이기에 상대는 물론 자신의 감정도 종잡을 수 없을 때가 많다. 슬프지만 행복할 수 있고, 우울하면서 동시에 안도감을 느낀다. 또 관계를 지속하면서 독립적인 존재로 살아갈 수도 있다. 즉 모든 감정은 우리의 삶을 좌우하는 중요한 요소다.

대부분의 사람이 '좋은 감정'과 '나쁜 감정'으로 구분하지만, 그에 앞서 생각해 볼 것은 '그 감정을 어떻게 사용하느냐'이다. 특히 나쁜 감정이라 치부되는 '어두움의 영역'이 그렇다. 분명 내면의 어두움에는 '긍정적인 효과'를 발휘할 수 있는 삶의 잠재력이 있다. 문제는 이 어두움을 잘못 사용하면 자칫 '어두운 삶'을 살아간다는 것이다.

자신의 어두움을 역이용하여 긍정적인 에너지로 삼을 수 있는 방법들을 소개한다.

내 어두움, 남에게 빌려주기

(1) 감정 확인하기

지금 내 안에 가장 두드러진 '부정적 감정'이 무엇인지 조용히 떠올린다. 분노, 두려움, 질투 등 어떤 감정이든 좋다. 가능하다면 "나는 지금 ○○을 느끼고 있다"라고 입 밖으로 말하거나, 종이에 적는다.

(2) 감정 그려보기

이번에는 그 감정을 눈앞에 있는 물건처럼 상상한다. 색깔, 모양, 무게, 질감 등 구체적으로 떠올리면 좋다. 예를 들어 커다란 검정 구름 모양이나, 날카로운 뾰족 가시로 둘러싸인 작은 구체일 수도 있다.

(3) '빌려 갈 사람' 정하기

이제 이 감정을 잠시 빌려 갈 사람이 있다고 상상한다. 실제로 존재하는 친구나 가족도 좋고, 영화 속 인물이나 완전히 가상의 인물이어도 좋다. 또는 '어디서나 당당한 사람' 같은 상징적 존재여도 괜찮다.

(4) 시나리오 만들기

내 감정을 빌려서 무슨 일을 하게 될지 자유롭게 상상해 본다. 예를 들어 나의 '질투'를 빌려 간 사람이, 그 에너지를 바탕으로 훌륭한 혁신 아이디어를 내거나, 새로운 도전을 하는 모습을 그려볼 수 있다. 분노나 두려움도 마찬가지로, 누군가에게 전달되었을 때 어떤 '변화'를 일으킬 수 있을지 떠올린다.

(5) 감정 바라보기

그 상상 속 장면을 그리는 동안, 내가 느끼는 마음의

변화를 살펴본다. "아, 이렇게 보면 내가 가진 분노도 새로운 추진력이 될 수 있구나." 또는 "질투가 꼭 나쁜 감정만은 아니구나." 같은 깨달음이 떠오를 수 있다. 그런 생각이나 느낌을 간단히 메모한다.

(6) 마무리하기

마지막으로, "나는 이 감정을 충분히 다룰 수 있다"라는 짧은 문장을 스스로에게 건넨다. 가능하다면 크게 말하거나, 적어놓고 눈으로 확인하면 더욱 좋다. 이 과정을 통해 알게 된 점도 함께 정리해 두면 훗날 다시 돌아봤을 때 큰 도움이 된다.

(7) 활용하기

만약 이 연습이 효과가 있었다면, 다른 부정적 감정이나 고민에도 똑같이 적용해 보라. 한 번에 모든 어둠을 다 없애긴 어렵지만, 이렇게 '거리 두기와 재해석'을 반복하다 보면 어느새 마음이 훨씬 가벼워져 있음을 느낄 수 있다.

'감정의 형상' 앨범 만들기

(1) 사진 앨범으로 시각화하기

분노, 질투, 두려움, 무력감 등이 느껴질 때, 그 감정에 어울리는 사물이나 풍경을 사진으로 찍어서 모은다. 예를 들어 '날 선 화'가 느껴지면 날카로운 금속 오브제나 깨진 유리창 사진을 찍고, '우울함'이 찾아오면 잿빛 하늘이나 어두운 길 사진을 찍는 식이다. 나중에 앨범을 펼쳐보면, 감정이 시각적 심상으로 재현되면서 의외의 통찰을 얻게 된다.

(2) 기록과 탐색하기

사진과 함께 그 순간의 상황, 몸의 반응, 떠오른 생각 등을 짧게 적어둔다. 이를 통해 감정의 원인이나 패턴을 파악할 수 있고, 단순히 쓰기만 해도 억눌린 감정이 해소되는 효과가 있다.

(3) 장기적 전략과 지지

앨범을 주기적으로 돌아보며 "어떤 상황에 취약한

가?", "어떻게 대처하면 좋을까?" 같은 질문을 던진다. 필요하다면 신뢰하는 사람이나 전문가의 도움을 받아보라. 작은 습관을 꾸준히 쌓으면, 결국엔 어떤 감정 폭풍에도 흔들리지 않는 안정감을 키울 수 있다.

악몽 수집 일기

───────

악몽은 보통 우리의 두려움과 억눌린 갈등을 반영한다. 악몽 기록을 통해 '내 무의식이 지금 무엇을 경고하는지', '내가 진짜로 피하고 싶은 것이 뭔지'를 엿볼 수 있다.

(1) 전용 노트 준비하기

일반적인 '꿈 일기'와 달리, 오로지 내가 꾼 악몽만 기록하는 노트를 마련한다. 노트에 날짜를 적고, 간단히 '악몽 노트'라는 이름을 붙여보라.

(2) 즉시 기록하기

잠에서 깬 직후, 꿈에 등장한 인물과 사건, 장소, 그리고 그때 느꼈던 감정을 최대한 자세히 적는다. "달리는 차 안에서 뭔가에 쫓겼다", "숨이 막힐 정도로 두려웠다" 처럼 생생하게 표현해 보라. 이 과정은 꿈의 장면을 구체화해, 무의식이 보내는 메시지를 명확히 파악하도록 돕는다.

(3) 반복되는 키워드 찾기

며칠에서 몇 주간 기록을 쌓아가다 보면, 유난히 자주 등장하는 요소(인물, 상황, 장소)가 눈에 띌 수 있다. 이를 별도로 표시하고, '왜 이 장면이 자꾸 나오지? 무엇을 상징할까?'를 고민하라. 예를 들어 특정 인물이 반복된다면, 실생활에서 그 사람에게 느끼는 부담이나 갈등이 있을 수 있다.

(4) 새로운 결말 상상하기

심상 시연 치료(Imagery Rehearsal Therapy), 즉 무서운 장면에서 내가 원하는 방향으로 결말을 바꿔 써본다. 예를 들어 누군가에게 쫓기는 꿈이었다면 내가 되레 용감하게 마주하거나, 안전한 장소로 순식간에 이동한다고 상상한다. 이 과정을 통해 불안을 통제할 수 있다는 심리적 안정감을 얻을 수 있다.

(5) 현실에서의 불안 다루기

기록한 내용 속에서 발견된 두려움이나 갈등이 실제 생활의 어떤 상황과 맞닿아 있는지 찾아본다. 시험, 대인관계, 직장 업무처럼 구체적인 스트레스 요인이 떠오른다면, 이를 해결하기 위한 실질적 계획을 세우거나, 전문가 상담을 고려할 수도 있다.

(6) 결과 점검하기

한 달 정도 지나면, 노트를 되돌아보며 예전보다 악몽이 줄었는지, 혹은 악몽을 더 잘 다룰 수 있게 되었는지 스스로 점검한다. 변화가 미미해 보여도 괜찮다. 이 노트는 두려움을 정면으로 마주했다는 점에서 이미 중요한 의미를 가진다.

4장

감정을 삶의 동력으로
만들어라

행복의 역설

당신이 원하는 어떤 것이든 매일 꿈에서 이룰 수 있다고 상상해 보자. '꿈 시나리오'를 작성하는 것이다. 가령 하룻밤마다 '80년'이란 긴 세월을 내 마음대로 설계할 수 있다면 어떠할까? 아마 대부분의 사람은 온갖 쾌락과 즐거움을 누릴 것이다. 그러나 이런 '꿈속 80년'을 반복하면 식상해지고 만다.

그러면 차츰 위험하고 예측 불가능한 상황을 만들게 된다. 평탄하기만 한 즐거움보다 아슬아슬한 긴장과 스릴을 원하게 되기 때문이다. 결국 우리는 '현실의 삶'을 꿈으로 선택하여 지금 세상을 '체험'하듯이 살아갈 수도 있다. 이런 역설적 상상은 인간이 단순히 '항상 편안하고 즐거운 상태'만을 원하는 존재가 아니라는 사실을 암시한다.

그렇다면 꿈이 아닌 '현실 세계'에서도 행복하게 살 수 있을까?

불편한 감정의 가치 재정의

오늘날 사회는 '행복'을 무조건 숭상하는 분위기가 짙다. 가령 '행복하세요~'라고 서로에게 인사하거나, 다양한 자기계발서와 SNS를 통해 '행복 루틴'을 배우려 한다. 이는 비단 개인의 문제만이 아니다. 독립선언서 같은 국가적 문서에도 '행복 추구'가 기본권으로 제시될 만큼 '행복'은 인류 보편의 가치로 여겨진다.

그런데 바로 이 지점에서 문제가 생긴다. "더 많이, 더 크게, 더 자주 행복해져야 한다"라는 강박에 사로잡힌 사람들은 자신에게 조금이라도 찾아오는 '불안, 슬픔, 분노' 같은 불편한 감정을 부정하고 배제하려 든다. 과연 이러한 태도가 옳은 것일까?

심리학에서는 우리 인생의 행복 곡선이 '뒤집힌 U자형'을 나타낸다고 말한다. 즉 행복이 어느 정도의 수준까지는 창의성, 건강, 대인관계 등을 향상시키지만, 특정 임계점을 넘어가면 오히려 부작용이 도드라진다는 것이다. 지나친 낙관은 현실적 위험을 과소평가하게 만들어 무모한 모험이나 과소비로 이어질 가능성이 크다. 또한 극단적 행복감이 '조증' 수준으로 치달으면 재산을 탕진하거나 위험한 운전으로 사고를 낼 수 있다.

우리는 흔히 우울증이 위험하다고 생각하지만, 역설적으로 '과도한 행복'도 정신 건강을 위협할 수 있다는 점을 간과해서는 안 된다. 여기에 더해 '원하는 것'과 '좋아하는 것'을 혼동하면 행복 추구가 더 복잡해진다. 즉 어떤 목표나 물건을 '원하는' 강렬한 욕망을, '좋아하는' 감정과 동일한 것이라고 착각할 수 있다.

예를 들어 새 직장에 입사하기 전에는 '합격만 하면 행복할 거야'라고 믿지만, 막상 출퇴근의 불편함이나 내부 정치, 긴 회의 같은 실제 상황을 겪으면 과연 진짜로 좋을까? 현실적으로 우리는 '원하는 것'에 끌려 충동적으로 결정하고 큰 비용을 낭비하는 경우가 많다. 그 결과 정작 기대하던 '행복감'을 얻지 못할 때가 허다하다.

앞의 〈3장〉에서는 '부정적인 감정의 활용법'에 대해 말했다. 여기서 말하는 '활용'이란 적절한 상황이나 분위기, 환경 등 실생활에서 응용하는 걸 말한다. '약간'의 부정적 감정을 활용하는 건 도움이 될 수 있다고 자부한다. 이어지는 〈4장〉에서는 '행복의 역설'에 대해 말하고자 한다. 지나친 행복 상태보다는 약간의 불평함이나 부정적 감정이 더 유리하게 작용하는 업무 환경이 있다.

가령 세부 사항에 주의를 기울이거나 체계적·분석적 사고가 필요한 상황에서는 밝고 들뜬 기분보다는 약간의 긴장감, 불안 등의 '낮은 기분'이 집중력과 정확성을 높인다. 물론 여기서도 '약간'이 중요하다. 심각한 수준의 불편함이나 정서 장애는 능력을 떨어뜨리고, 극단적인 경우 파괴적 결과를 낳는다. 그러나 '가벼운' 불편함은 우리를 더욱 꼼꼼하고 신중하게 만들기에 회사에서 복잡한 정보를 처리하거나 일상 속 예산 관리, 주말 계획 등에 유용하다.

다음은 일상 속 불편한 감정을 재정의한 것이다.

분노: 잘못된 행동을 하는 사람에게 적절한 분노는 문제의 심각성을 알리며, 상대방의 즉각적인 대응을 끌어내는 데 효과적이다. 또한 구매한 물건을 반품할 때, 온화하게 대하기보다는 '조금 불편해 보이는' 태도가 상대를 더 집중하게 만든다.

불안: 어딘가 위험이 도사리고 있을 때 행복감에 취해 '괜찮겠지' 하고 방치하면 뒤늦게 큰 문제로 번질 수 있다. 적당한 불안은 경계심을 고취하고 사전 대책을 세우게 하므로, 피해를 줄이는 데 도움이 된다.

슬픔: 슬픔을 노골적으로 드러낼 수 없게 되면, 사람들은 내가 어려움을 겪는지 알아채지 못한다. 오히려 적절한 슬픔 표현이 타인의 도움과 지지를 끌어낼 수 있다.

'불편한 감정'의 가치 재정의의 핵심은 "이걸 원하면 곧바로 행복해질 것"이라 믿는 착각에서 깨어남과 동시에 부정적 감정에 대한 맹목적인 배척을 버리는 것이다.

원하는 것 vs 좋아하는 것

한 신경과학 연구에 따르면, 인간은 '원하는 욕구'를 느끼는 뇌 영역과 '좋아하는 감정'을 느끼는 뇌 영역이 서로 다르다고 한다. 그런데도 우리는 간절히 원하는 그 무엇을 갖게 되면 행복해질 것으로 단정한다. 하지만 실제로는 많은 사람이 이루고 싶었던 목표를 달성하자마자, 막상 그 결과를 별로 좋아하지 않는 상태에 빠지곤 한다.

어쩌면 당신도 새로운 직장을 원해서 입사했지만, 출퇴근 스트레스나 과도한 경쟁 문화 등 예상치 못한 문제로 '좋아하는 감정'을 상실한 적이 있을 것이다.

스스로 '원하는 것'과 '좋아하는 것'을 구별하는 능력을 갖춰야만 '진정한 행복'에 다가갈 수 있다.

그리스 신화에 나오는 〈이카로스의 날개〉 이야기를 소개하겠다.

다이달로스는 크레타의 왕 미노스의 노여움을 사 아들 이카로스와 함께 감옥에 갇힌다. 그러나 뛰어난 발명가였던 다이달로스는 새의 깃털과 벌집에서 얻은 밀랍으로 큰 날개를 만들어 탈출을 시도한다. 이때 다이달로스는 아들 이카로스에게 "너무 높게 날면 태양열에 날개가 녹을 수 있다"라고 경고한다. 그러나 하늘을 자유롭게 나는 기쁨에 취한 이카로스는 점점 더 높이 올라간다. 결국 태양의 열기에 날개를 고정한 밀랍이 녹아내리고, 이카로스는 추락해 죽음에 이른다.

이 이야기를 기원한 심리학 용어로 '이카로스 콤플렉스(Icarus Complex)'[4] 라는 말이 있다. 주로 자아도취적 성향을 지닌 사람들이 이 콤플렉스를 갖고 있지만, 그렇다

---

[4] 자신이 추락할 가능성이 있는 걸 알면서도 다른 사람들에게 관심과 사랑을 받으며 사회적으로 올라가기만을 바라는 심리이다.

고 누구나 이런 무모함을 열망하는 것은 아니다. 우리가 알아야 할 점은 '하늘을 향한 인간의 열망과 그 비극'이 과연 무엇을 상징하는가이다.

많은 사람들이 '행복'이라는 목표를 무조건 추구하며, 절대적인 선(善)으로 여기는 경향이 있다. 하지만 지나친 행복 추구는 기대와 현실의 격차를 키우기에 오히려 좌절과 실망이라는 역효과를 낳는다. 행복을 향한 열망은 '이카로스의 날개'와 같아서, 너무 높은 이상만을 좇으면 오히려 그것을 지탱하던 기반마저 녹아내릴 수 있다는 말이다.

행복이라는 이상을 무조건 좇기보다, 때론 현실의 적정 높이를 유지하며 '삶의 균형'을 찾아야 한다.

우리에게 '행복'은 인생의 한 축으로서 분명히 소중하다. 그러나 모든 상황에서 슬픔이나 분노, 불안을 철저히 배제하고 '항상 행복만을 추구'하는 행동은 예상 밖의 역효과를 낳기 십상이다. 우리는 다양한 감정을 경험하며, 그것들이 서로에게 보완재가 될 수 있음을 인지

해야 한다.

때로 약간의 불편함은 생산성과 창의성, 문제 해결력을 높이고, 앞서 '불편한 감정'을 재정의한 것처럼, '분노·불안·슬픔' 같은 부정적 감정을 제대로 쓴다면 원하는 결과를 이끄는 핵심 동력이 된다. 무엇보다 우리가 진짜 원하는 것과 진짜 좋아하는 것을 혼동하지 않는 태도가 중요하다.

그러므로 인생에서 '이것만 얻으면 완벽히 행복해질 것'이라는 기대에 매달리지 말고, 진정으로 자신이 좋아할 수 있는 삶의 양식을 찾고, 그 과정에서 온갖 감정을 자연스럽게 허용하는 편이 더 바람직하다.

* * *

처음에 말한 '꿈 시나리오'로 되돌아가 보자. 우리는 무한한 쾌락만을 누리는 세계에서 곧 지루함을 느끼고, 예측 불가능한 삶을 '꿈'으로 선택한다. 그리고 현실에서 어느 날은 행복하고, 또 어느 날은 약간 불행하거나 불편함을 느끼기도 하면서 계속 살아간다. 이는 곧 "우리는 무력한 꼭두각시가 아니며, '지금의 삶'을 스스

로가 원하는 대로 체험하고 있다"라는 메시지를 상징
한다.

행복을 맹목적으로 좇기보다 다양한 감정을 내 삶의
일부로 수용하며 균형을 추구할 때, 역설적으로 더 충만
한 '행복'을 발견할 수 있다. 과도한 행복에 대한 집착을
내려놓고, 때로는 의도적으로 '가벼운 불편함'을 이용하
며, 내가 진짜로 좋아하는 것이 무엇인지를 숙고하는 태
도야말로 우리가 살고 있는 이 삶을 가장 온전히 누리
는 길이다.

때로는 비관주의가
삶에 활력을 불어넣는다

　모든 인간은 아침에 눈을 뜨는 순간부터, 스스로 의식하든 의식하지 못하든 자신에게 말을 건네며 하루를 시작한다. 오늘 하루가 순조롭게 흘러갈 것이라는 기대를 품기도 하고, 예상치 못한 불운이 찾아올지 모른다는 걱정에 사로잡히기도 한다. 대부분의 사람은 전자를 택해 '긍정적인' 태도가 인생을 바꾼다고 믿으며 살아간다.

　그러나 긍정적인 생각이 반드시 최상의 결과를 도출하는 것은 아니다. 오히려 성공하지 못하면 큰 상실과 좌절로 이어질 수 있다. 실제로는 '부정적인' 생각이 우리의 인생에 커다란 영향을 끼치는 경우도 많다. 즉 최

악의 결과를 상정하고 이에 대비하기 위해 많은 노력과
시간을 들여 실패하지 않는 것이다.

때로는 부정적인 생각이 성공에 더 도움 되기도 한다.

방어적 비관주의란 무엇인가?

부정적인 생각을 삶의 에너지로 바꾸는 것에 대해 월
즐리대학교 심리학과 교수인 줄리 노럼(Julie Norem)은 이
렇게 밝혔다.
**"긍정적 사고가 항상 긍정적 효과를 가져온다는 기존의
통념과는 반대로 부정적 사고가 긍정적 효과를 가져온다."**

줄리 노럼이 주목한 것은 바로 '방어적 비관주의
(Defensive Pessimism)'라는 심리학 개념이다. 이것은 단순
히 어두운 시각에 갇혀 세상을 부정적으로만 바라보는
것을 의미하지 않는다. 오히려 '최상의 결과'를 향한 희
망은 간직하되, 동시에 '최악의 상황' 역시 구체적으로

떠올림으로써 이를 대비하려는 심리적 전략이라고 할 수 있다.

예컨대 아이 셋을 데리고 비행기에 탑승해야 하는 부모가 '아이가 울부짖으면 어쩌나, 다른 승객들이 불편해하면 어쩌나' 하는 생각은 그저 무익한 걱정으로 끝나지 않는다. 이들은 그러한 불안을 바탕으로 미리 준비물을 챙기고, 주변 사람에게 미리 양해를 구하는 등 실제 상황을 보다 원만히 이끌어 갈 수 있는 힘을 얻게 된다.

이처럼 '방어적 비관주의'는 표면적으로 '비관'이라는 단어를 담고 있지만, 중요한 것은 이것이 우울함에 빠지거나 체념하는 태도가 아니라는 점이다. 오히려 불안(긴장)을 회피하지 않고 직시하여 무모한 낙관주의에 빠지지 않고 대비책을 세운다. 즉 '방어적 비관주의자'는 일이 잘못될 가능성을 염두에 두면서도 최악의 상황을 최소화하기 위한 사전 행동에 나설 수 있다.

결국 '방어적 비관주의'는 일상에서 실속 있는 결과를 만들어 내는 원동력이 되기도 한다. 그런데도 우리는 긍정적인 태도만 성과를 높인다는 사회 통념과 고정 관념에 빠져 '부정적인 생각'이 주는 유익을 의심한다.

이에 대한 줄리 노럼과 연구팀의 '다트 던지기' 실험 사례를 소개하겠다.

먼저 실험 참가자들을 '전략적 낙관주의자'와 '방어적 비관주의자'로 나누었는데, 두 그룹은 상반된 방식으로 성과를 극대화하였다. '전략적 낙관주의자'들은 다트를 던지기 전에 잔잔한 파도 소리나 햇살 가득한 해변을 상상하며 긴장을 풀었을 때 높은 정확도를 보였다. 반면 '방어적 비관주의자'들은 다트가 중앙 목표점을 벗어나는 장면을 떠올려 긴장을 한껏 고조시켰을 때 더 나은 성과를 거두었다.

이 실험을 통해 우리는 '긍정적인 기분을 갖고 있어야만 좋은 결과를 얻는다'라는 것은 성급한 일반화(Hasty Generalization)임을 알 수 있다. 특정 성향을 지닌 이들에게는 오히려 불안을 활용해 집중력을 끌어올리는 것이 훨씬 효과적이다. 이처럼 기본 성향이 다른 두 그룹이 각자의 전략으로 긍정적 결과를 얻을 수 있다는 사실은 '부정적 태도는 해롭다'라는 생각이 편견임을 증명하고 있다.

궁극적으로 '방어적 비관주의자'는 늘 비관적인 사람이 아니라, 일어날 수 있는 모든 일에 준비된 사람으로 볼 수도 있다.

부정적인 사고의 긍정적 힘

앞에서 방어적 비관주의자의 특장점을 말했지만, 그렇다고 긍정적인 태도가 지닌 강점을 부정하는 것은 아니다. 낙관주의자가 지닌 긍정적인 태도는 심신에 활력을 부여하고, 도전을 이어가려는 열정을 북돋는다.

그런데 생각해 보자. 낙관주의자들은 부정적 생각과 전혀 무관한 존재일까? 줄리 노럼은 절대 그렇지 않다고 말한다. 그러면서 "오히려 낙관주의자들이 무의식중에 '역행 비관주의'를 사용한다"라고 덧붙였다. 역행 비관주의란, 일이 실패했을 때 '처음부터 불리한 상황이었기 때문에 어쩔 수 없었다'라고 과거를 재구성하며 자신을 보호하는 것이다.

예컨대 한 낙관주의자가 중요한 프로젝트에서 크게

실패했다. 그런데 실패의 원인을 찾을 때 '애초 이 프로젝트는 예산과 인력이 부족했다'라는 결론으로 자신을 과도하게 탓하지 않음으로써 마음의 상처에서 벗어나려 한다. 이 이야기는 '낙관주의', 즉 얼핏 보기엔 밝아 보이는 태도 속에도 '부정적 측면'을 활용하는 심리 작용이 존재함을 알려준다.

한마디로 낙관주의자조차 실패에 직면했을 때 '역행 비관주의'를 통해 그 충격을 줄이고 다음 기회를 모색할 수 있다. 물론 과도한 역행 비관주의는 자기 성찰이나 문제 해결 과정을 등한시하도록 만들기도 한다. 그러나 적절한 수준에서는 감정적 타격을 완화하고, 재도전할 수 있게 하는 심리적 복구 장치인 것이다.

비관주의자와 낙관주의자 모두 '긍정'과 '부정'을 교차적으로 활용해 자신을 보호하고 발전시킬 수 있다.

방어적 비관주의자는 불안을 생산적인 준비로 전환하여 실제 상황에서 돌발성을 줄인다. 그리고 낙관주의자는 실패 뒤 과거를 달리 해석함으로써 마음의 상처를 줄이고 재도약의 동력을 얻는다. 어느 한쪽이 절대적으로 우수하다기보다는, 상황과 성향에 따라 다르게 작동하는 심리 전략인 것이다.

심리학자들은 이러한 전략 과정을 '온전함'이란 개념으로 설명한다. 이것은 의학이 병을 치료하고 생명을 연장하기 위해 약물과 수술을 개발하듯, 심리적 건강을 유지하고 내면을 성장시키기 위한 핵심 목표와도 같다. 즉 '온전함'은 단지 낙관적 태도를 고수하는 것을 넘어 필요하다면 불안과 두려움을 받아들이고, 이를 준비 행동으로 끌어내는 유연함을 갖춰야 한다.

곰곰이 생각해 보면, 인생은 단순히 밝은 기대만으로 이루어지지 않는다. 오히려 크고 작은 불확실성이 곳곳에 도사리고 있으며, 예측 불가한 상황이 난무한다. 따라서 이러한 현실을 외면하기보다는 불안을 제대로 직시하여 대비책을 찾는 것이 더 안전하고 효과적이다. 쉽게 말하면 '나쁜 일이 일어날 수 있다'라는 생각이 두려움에 머무는 것이 아니라, 행동을 이끄는 활력소로 작용하는 것이다.

물론 어떤 상황이라도 부정적 생각에 함몰되어 아무

것도 시도하지 않거나, 근거 없는 낙관에 빠져 현실적 문제를 외면하는 것은 바람직하지 않다.

중요한 것은 각자 자신의 심리 성향을 파악하고, 자신에게 맞는 방식으로 불안 혹은 희망을 활용할 줄 아는 지혜이다. 방어적 비관주의를 제대로 활용하면, 고통스러울지도 모르는 상황을 미리 구체화하여 실천 의지를 얻을 수 있고, 낙관주의자라 해도 실패한 뒤 과거를 재구성하여 마음의 상처에서 회복할 수 있다.

***

우리의 삶은 항상 불안과 희망이 교차한다. 누군가는 조금 더 밝은 시각을, 또 다른 누군가는 조금 더 신중한 자세를 취하면서 자신의 문제를 해결해 간다. 그런데 그 뒤에는 '어떤 마음가짐으로 대비하고, 어떻게 넘어설 것인가?'라는 질문이 자리한다. 방어적 비관주의가 제안하는 '부정적 생각의 활용법'이 그 질문에 대한 유용한 해답이 될 수 있다.

사실 비관이든 낙관이든 우리가 세상을 인식하는 두 가지 관점일 뿐, 우열을 가릴 문제가 아니다. 중요한 것은, 우리 각자가 어떤 어려움 앞에서도 과도한 두려움에 몸을 사리기보다는 '현실적 대비책'을 마련하고, 설령 실패해도 재기할 여지를 스스로에게 허락하는 태도이다. 그러한 유연한 정신이 심리학자들이 말하는 '온전함'의 밑바탕이다.

우리는 인간이기에 완벽함과 무결점이 존재하지 않는다. 우리가 지향할 것은 완벽함이 아닌 온전함이다. 완벽한 자신이 아닌 '온전한 자신'으로 살아갈 때 우리 모두가 바라는 마음의 건강을 얻을 수 있다.

완벽한 자신이 아닌
온전한 자신으로 살아라

앞에서 말한 '온전함'에 대해 좀 더 말하고자 한다. 사실 '온전함'이란 개념은 이미 우리의 일상 곳곳에 조용히 스며들어 있다. 다양한 이름과 형태로 불리는데, 직장에서는 '최적의 성과'나 '완전 몰입', '직무 적합성'이라는 말로 불린다. 육아 과정에서는 '정체성 형성'이나 '성숙함'이란 용어로 사용된다. 또한 심리학적으로 온전함은 '영적 통찰(Spiritual Insight)'이나 '깨달음'과 비슷한 의미로 다룬다.

그런데 흥미롭게도 현대 심리학은 인간의 신경증과 괴로움, 그리고 본성의 어두운 부분을 이전처럼 단순하게 '치료해야 할 악(惡)'으로 보지 않는다. 오히려 '불편한 상태(불완전한 상황)'를 개인이 성장하기 위한 필연적 단계로 여긴다. 심지어 자율적인 힘으로 삶을 건설해 나가는 추진력이 될 수 있다고 해석한다.

대표적으로 사회심리학자 로이 바우마이스터는 인간 본성의 밝은 면과 어두운 면을 아우르는 시각을 갖추려면 긍정성만을 맹목적으로 추구하는 태도에서 벗어나야 한다고 주장했다.

바우마이스터는 덧붙여 이렇게 말했다.

"나는 세상을 '트레이드오프(Trade off, 상충관계)'의 관점에서 본다. 좋은 행동이 나쁜 행동과 연결되는 경우가 많다. 일부 사람들은 부정적인 행동을 지지하고, 그 체계를 통해 돈을 벌기도 한다. 그런데도 그런 행동의 이면을 보면, 대개 그들이 사랑하는 가족이나 친척을 돕고자 하는 이유가 존재한다."

바우마이스터의 이 말은 융이 주장한 '온전한 사람은 신과 함께 걸어보기도 하고, 악마와 싸워보기도 한 사람이다'라는 말과도 일맥상통한다. 쉽게 설명하면, 인간은 긍정적인 면과 부정적인 면을 동시에 갖춘 존재이며, 진정한 성숙과 통합은 어둠을 배제하지 않고 받아들이는 과정에서 비롯된다는 뜻이다.

온전함에 이르는 길

———

우리는 대부분 자신의 내면에 있는 '부정적 심리 상태'를 떨쳐내려고 애쓴다. 하지만 그러한 노력은 자신의 잠재적 역량을 스스로 제한하는 일이 될 수 있다. 물론 쉬운 일은 아니지만 '불편한(불완전한) 마음'을 인정하고 받아들인다면, 비로소 '온전함'을 이룰 수 있는 결정적 순간을 맞이하게 된다.

그렇다면 '온전한 사람' 되기 위해서 먼저 무엇을 해야 할까? 그전에 당신에게 한가지 질문을 하겠다.

'즐겁지만 의미가 없는 삶'과 '즐겁지 않지만 의미가 있는 삶' 가운데 어떤 삶이 나을까?

선뜻 결정하지 못하겠는가? 질문에 다음의 조건을 추가하겠다.

① 단 1시간만 놓고 본다면?

② 1주일만 놓고 본다면?

③ 1개월 후, 또는 1년 후라면?

아마 '시간'에 따라 답변이 달라질 수 있을 것이다. 사실 '의미'는 있지만, 즐거움이 없는 삶은 지루하고 밋밋해서 견디기 어렵다. 그렇다고 해서 '즐거움'만 좇으면, 그토록 원하고 갈망하던 목표를 달성했을 때 얻는 성취감과 만족감을 놓칠 수 있다.

'온전한 사람'이 되려면, 현재에 뿌리를 두어 즐거움을 만끽하면서도, 아직 발견되지 않은 미래의 의미를 향해 한 발을 내디뎌야 한다.

흥미로운 점은 '즐거움'과 '의미'가 시소처럼 작동한다는 것이다. 게다가 이 두 가지는 삶에서 전혀 다른 시점에 나타나기도 하고, 가끔 동시에 겹치기도 한다. 예를 들어 다이어트를 위해 눈앞에 있는 달콤한 디저트를 포기하거나, 자기 계발을 위해 친구와의 즐거운 만남을 포기한 적이 있을 것이다.

물론 즐거운 시간을 포기한 것은 아쉽지만, '목표(의미)'를 이루고자 그 시간에 러닝으로 체력을 단련하거나, 밤늦게까지 열심히 공부하는 '불편함'을 자처하는 것이다. 그런데 단기간의 목표가 아닌, 우리의 삶이 이렇게 희생적인 행동들로만 채워진다면 어떤 기분이 들까? 핵심은 '어떤 감정을 느끼고 싶은가?' 대신 '어떤 감정이 기능적으로 필요한가?'를 물어보는 데서 출발한다.

대부분의 사람은 삶의 '즐거움'과 '의미' 둘 다 놓치고 싶어 하지 않는다. 그런 점에서 '시간'이 중요하다. 심리학자 로버트 비스워스 디너(Robert Biswas-Diener)는 그 상황을 다음과 같은 공식으로 표현했다.

즐거움(1시간) + 성장과 희생(1달) = 온전함

이 공식의 핵심은 '장단기 균형'이다. 즉 '즐거움'을 1시간으로 짧게 제한하고, 1달이라는 긴 시간 동안 도전과 노력을 지속한다면, 우리는 이전과는 다른 수준의 성장을 경험한다. 이러한 '성장과 희생'은 단순히 불편함을 감수한다는 뜻이 아니라, 더 큰 목표를 바라보며 자신을 다듬고 개선하는 기회가 된다.

또한 이러한 도전이 쌓이면, 자아 확장은 물론 궁극적으로 삶에 대한 균형 잡힌 시선을 갖게 함으로써 '진정한 온전함'에 가까워질 수 있도록 돕는다. 따라서 우리는 각자의 삶에서 '즐거움'과 '의미'를 대립 구도로 놓고 더 이상 논쟁할 필요가 없다.

우리가 고민해야 할 것은 '새로움'과 '익숙함'을 어떻게 조화롭게 받아들이느냐이다.

어느 회사의 전현직 직원들을 대상으로 '새로움'과 '익숙함'에 대해 조사한 적이 있다. 조사 결과, 은퇴 전 직장인들은 은퇴 후 자신의 삶을 새롭고 다채로운 활동으로 가득할 것으로 상상했다. 반면 이미 은퇴한 이들은 이전부터 쌓아온 익숙한 관계나 환경을 더 중시했다.

이렇듯 사람은 '새로움'에서 오는 흥미를 갈망하면서도, '안정'에서 느끼는 심리적 안도감을 놓치고 싶어 하지 않는다. 물론 성장과 배움을 위해선 때때로 낯선 환경과 불확실성을 감수해야 하지만, 지나친 혼란은 불안을 가중시킨다. 반면 안정적인 삶은 마음을 편안히 해주지만, 너무 익숙함에 안주하면 더 이상 진전이 없을 수도 있다.

삶의 어느 지점에서든 우리는 '새로움'과 '익숙함' 두 가지 요소를 번갈아 경험하며 균형을 잡아야 한다.

올바른 길과 온전한 길의 차이

당신의 사춘기 시절을 떠올려 보자. 아마 막연한 공상과 목적 없는 방황을 한 적이 있을 것이다. 대부분의 어른은 그 시절의 방황을 비생산적이라 치부하지만, 사실 그러한 방황 속에서 당신의 마음은 나름의 변화를 준비했을 것이다. 비슷한 예로 어떤 사람이 연못가에 앉아 수면의 일렁임을 관찰하거나 정체 모를 소리에 귀 기울이는 시간을 보내는 것은 얼핏 낭비로 보인다. 하지만 이런 행위가 그 사람의 내면에 '성장의 씨앗'을 심기도 한다.

문제는 우리가 '지루함'이나 '공허함'을 맞닥뜨렸을 때 얼마나 능동적으로 반응하느냐에 달려 있다. 지금 시대는 스마트폰을 통해 얼마든지 쉽게 자극을 얻을 수 있다. 대부분의 사람이 조금만 심심해도 즉각적인 재미를 찾아보거나, 불특정 다수에게 의미 없이 메시지를 보내며 시간을 보내기도 한다.

이렇게 '경험 회피(Experiential Avoidance)'[5]를 반복하면, 지루함이 주는 창의적 도약과 내면적 성찰의 기회를 잃게 된다. 따라서 '온전한 상태'를 유지하려면 새로움을 추구해야 한다. 자칫 지루함과 공허함에 빠지면 자신의 시간과 에너지가 고갈되어 아무것도 할 수 없는 상태가 된다.

이때 유념할 점은 '새로움은 흥미로운 만큼 위험을 수반한다'라는 것이다. 가령 지나치게 낯선 환경이나 잦

---

5 감정이나 생각에 몰두하다가 '삶의 궤도'에서 이탈하게 하는 모든 행동을 뜻한다.

은 변동은 생활 전반의 안정성과 통제감을 유지하기 어렵게 만들 수 있다. 그래서 '새로움'과 '익숙함'이 어떻게 상호작용을 하는지 이해하려면 '시간'이라는 변수를 살피는 일이 중요하다.

앞에서 '즐거움'은 단기 현상으로, '의미'는 장기 현상으로 보았다. 마찬가지로 '새로움'은 대개 빠른 템포의 몰입과 연관되고, '익숙함'은 느리게 시간을 느끼면서 현재 상태를 음미하고 관찰할 수 있도록 한다는 사실을 인지하는 것이 좋다.

*　*　*

자동차의 지피에스(GPS, 위치 안내 시스템)를 사용한 적이 있을 것이다. 지피에스는 경로를 이탈했을 때 운전자를 비난하지 않고 '새 방향'만 안내한다. 마찬가지로 내 삶의 가치와 목표를 파악했다고 해서 오직 한 가지 선택지만 유효한 것은 아니다. 때로 우리는 중간에 다른 길로 샐 수도 있고, 가치관에 어긋나 보이는 행동이나 욕구가 생길 수도 있다. 그것이 반드시 틀렸다고 단정 지을 필요는 없다.

언제나 올바른 길을 고집하려는 강박은, 오히려 온전함의 길을 막을 뿐이다.

우리는 모두 가끔 모순적이거나 심지어 위선적으로 보이는 선택을 하며 살아간다. 그것도 '인간다움'의 일부다. 우리의 인생은 단편적인 선악 구도나, 단 하나의 완벽한 원칙에 의해 움직이지 않는다. 우리는 '즐거움과 의미', '새로움과 익숙함'을 계속 오가며, 때로는 시행착오를 거쳐 자신만의 균형점을 찾아간다. 그리고 그러한 과정을 통해, 우리는 차츰 '온전한 존재'에 가까워진다.

'결정의 덫'에 빠졌다면
휴리스틱을 활용하라

인생은 수많은 선택과 결정의 연속이다. 아침에 일어나자마자 어떤 옷을 입을지, 출근길에는 어느 경로로 갈지, 점심에는 뭘 먹을지 등 사소한 선택부터 시작해 온종일 수많은 '결정의 문' 앞에 선다. 그리고 그 결정이 복잡해질수록 우리의 뇌는 쉼 없이 돌아간다.

문제는 스스로 선택하고 결정하는 과정이 지나치게 길어질 때 벌어진다. 가령 누군가는 업무 이메일을 보낼 때 '이 문구가 실례가 되진 않을까?'라는 생각으로 시간을 허비하고, 또 누군가는 주말 모임 장소를 정할 때 '이곳을 싫어하는 사람이 있진 않을까?', '가격대가 부담스

러울까?' 같은 가변적 요인들을 따져 보느라 결정하지
못한다.

이렇듯 생각이 많은 이들은 장단점을 동시에 갖고
있다. 철저한 분석과 계획은 실수를 줄이고 위험을 예측
하는 장점이 있지만, 너무 과한 정보 탐색과 조바심은
시간과 에너지를 앗아갈 뿐 아니라 결정의 순간에 자신
을 갉아먹는 두려움과 후회를 부추긴다.

물론 사람마다 정도의 차이는 있지만, 빠르고 복잡하
게 돌아가는 현대 사회를 사는 대부분 사람은 너무 많
은 생각 때문에 머리가 지끈거린다. 만약 이런 사태가
반복되면 삶의 질 자체가 떨어질 수 있다.

그렇다면 모든 변수와 가능성을 통제하는 방법은 없
을까?

휴리스틱이란 무엇인가?

결정 문제를 해결하는 '작은 열쇠'가 있다. 바로 '휴리
스틱(Heuristic) 사고법'이다. 심리학에서 휴리스틱은 인

간의 판단과 결정을 단순화하는 것으로, 복잡한 문제를 간단하게 해결하는 직관적 사고방식이다. 사실 인간의 인지력(Cognition)은 한계가 있기에 휴리스틱 사고법은 이미 우리의 일상생활에서 큰 역할을 한다.

예를 들면 우리가 어떤 식당에 갈지 고민할 때 '사람 많은 곳이 맛집이지'라고 직감적으로 선택하거나, 전자제품을 살 때 '가격이 더 비싸니 품질도 좋을 것'이라 단정 짓고 구매하기도 한다.

휴리스틱은 단순화된 판단 규칙을 제공함으로써 복잡한 세상 속에서 우리의 결정을 효율적으로 하는 데 도움이 된다.

휴리스틱의 유형과 구체적인 사례는 다음과 같다.

(1) 대표성(Representativeness) 휴리스틱

사람이나 사물을 특정 범주의 '전형적인 특징'으로 간주해 판단하는 성향이다.

'내성적인 사람은 도서관 사서로 일할 가능성이 높다'

라는 통념이 있다. 그러나 정확한 통계나 구체적 증거가 아닌, '내성적인 사람 = 조용한 직업'이란 이미지를 매개로 한 추측이다.

(2) 가용성(Availability) 휴리스틱

최근에 접했거나 쉽게 떠올릴 수 있는 정보에 기반해 확률이나 빈도를 추정하는 경향이다.

뉴스에 비행기 추락사고가 여러 번 보도되면 '비행기는 역시 위험해'라며 과도한 공포를 느낀다. 실제 통계적으로 비행기는 안전한 교통수단이지만, 자주 접한 정보가 인식을 왜곡한 것이다.

(3) 기준점(Anchoring) 휴리스틱

처음에 제시된 정보가 이후의 판단이나 평가에 영향을 끼치는 현상이다.

처음 본 상품값이 '10만 원'이었는데 이후 8만 원짜리 상품을 발견하면 엄청난 이득을 봤다고 느낀다. 8만 원이 싼값인지 아닌지는 관계없이 처음 본 상품값이 기준이 되어 지각(知覺)을 붙잡은 것이다.

(4) 메타(Meta) 휴리스틱

기존 휴리스틱의 한계를 넘기 위해 다른 휴리스틱을 선택하고 조합하여 해결하는 방식이다.

다양한 문제 상황, 즉 최적화 문제, 복잡한 시스템 분석, 인공지능 연구 등 복잡하고 예측하기 어려운 문제에 효과적으로 접근하는 방법을 제공하는 것이다('메타 휴리스틱'은 어려우니 참고만 해라).

휴리스틱 사고법은 복잡한 현실을 모두 해결하는 것이 아닌, 복잡한 결정을 빠르고 간단하게 만드는 '심리적 지름길'을 찾아내는 방식(문제해결)이다. 머릿속 너무 많은 생각 때문에 결정을 못 한다면, 이런 '직관적 접근'이 과도한 불안과 피로를 줄이고, 삶을 가볍게 만들어 줄 수 있다.

무의식적 판단을 활용하라

———

많은 사람이 중요한 결정 앞에서 '지금 나의 판단이

옳을까?'라는 의문을 가진다. 완벽을 추구하는 성향이 강한 '생각 많은' 이들일수록 더욱 그러하다. 그런데 인간의 정신 구조를 깊이 들여다보면, 이미 우리 뇌는 무의식적 판단을 상당 부분 수행하고 있다.

예컨대 일상에서 '왠지 느낌이 좋다', '감이 오지 않는다' 같은 표현을 쓰기도 하고, 누군가를 처음 만났을 때 별다른 논리 없이 호감이나 거부감을 느끼기도 한다. 이는 단순히 운에 맡기는 것이 아니다. 과거의 경험으로부터 축적된 데이터가 바탕이 되어 나온 '무의식적 총합'이다.

이러한 현상에 대해 심리학자이자 행동경제학자인 대니얼 카너먼(Daniel Kahneman)은 '이중 처리 이론(Dual Process Theory)'으로 설명한다. 그는 인간의 사고 과정은 다음 2가지 체계로 작동한다고 주장했다.

직관적 사고(빠른 체계)

무의식적이고 직관적이며, 즉각적인 판단에 탁월하다. 감정이나 연상 등을 토대로 순간적인 결정을 유도한다

논리적 사고(느린 체계)

논리적·분석적으로 작동하며, 복잡한 문제를 비교·검토하고 단계적으로 풀어나가는 역할을 맡는다.

긴급하고 중요한 상황에서 '논리적 사고'를 한다면 우리의 에너지는 금세 바닥이 날 것이다. 그러므로 중요한 선택일수록 먼저 '직관적 사고'로 문제점을 거르고, 그다음 적절한 분석을 한다면 중요한 결정에 도움이 될 것이다.

그러나 무조건 휴리스틱 사고에 의존하는 것은 주의해야 한다. 휴리스틱은 빠른 결정을 할 수 있는 대신 '대표성 휴리스틱으로 인한 고정관념', '가용성 휴리스틱이 유발하는 통계 왜곡', '기준점 휴리스틱이 초래하는 협상의 불균형' 등처럼 오류의 가능성도 높다.

이를 '생각이 많은' 사람들이 의식하기 시작하면, 정반대의 결과가 빚어질 수 있다. 가령 '직관에 기대다가 엄청난 실수를 저지르면 어쩌나?' 하는 불안에 사로잡혀 모든 가능성에 대해 '과잉 분석'을 할 수 있다.

휴리스틱 사고가 지닌 편향성은 결코 무시해서는 안

된다. 그렇다고 분석에만 매달리는 것도 우리를 지치게 할 뿐이다. 궁극적으로 직관적 사고와 논리적 사고 사이의 균형점을 찾는 것이 '생각이 많은' 사람들에게 주어진 과제이다.

결국 휴리스틱을 활용할 때는 '효율성'과 '신중함'의 균형이 필요하다.

따라서 우리는 휴리스틱 사고를 효율적으로 활용하되, 중요한 결정의 순간에는 더 많은 정보를 수집하고 신중하게 판단해야 한다.

무의식을 활용해
삶의 질을 높여라

앞에서 우리는 휴리스틱 사고를 통해 효율적으로 결정하는 방법을 살펴봤다. 이번에는 우리가 '무의식적 판단'을 본격적으로 활용할 수 있는 전략에 대해 설명하겠다. 전략이라고 해서 복잡한 이론이나 거창한 방법이 아니다. 우리의 일상생활에서 약간의 태도 변화를 실천하는 방식에 가깝다.

그럼 무의식적 판단을 통해 '더 나은' 방향으로 이끄는 전략을 하나씩 살펴보자.

무의식에서 해결책을 찾아라

---

(1) 의도적 정보 제한

현대 사회는 다양한 선택지와 정보의 과잉으로 갈등을 겪는 일이 많다. 그런데 생각이 많은 사람들은 그 정보를 끝까지 파고들고자 한다. '모르면 손해를 볼지도 모른다', '모든 변수를 고려해야 한다'라는 두려움 때문이다. 그러나 쏟아지는 정보를 전부 수용하려 애쓰다 보면 결정하는 데 시간이 더 걸릴 뿐이다.

이럴 때는 의식적으로 정보의 범위를 제한해 보자. 예를 들면 새로운 전자제품을 구매할 때 '꼭 필요한 3가지 조건만 충족되면 적절한 선택으로 간주한다'라고 결심하는 것이다. 브랜드의 신뢰도와 애프터서비스, 준비된 예산 등이 그 기준이 될 수도 있다. 그 외의 스펙이나 세부 사항은 '처음에 정한 선'을 크게 벗어나지 않는 한 신경 쓰지 않는다.

이렇게 제한을 두면 무의식적으로 '이 정도면 충분하다'라는 신호를 받기에 직관적 결정을 내려도 불안이 줄어든다. 모든 걸 살필 수 없음을 인정하는 것 자체가 생각이 많은 사람들에겐 작지만 중요한 해방이 될 수 있다.

(2) '충분히 괜찮은' 기준 세우기

심리학에는 '만족화(Satisficing)'라는 개념이 있다. 이상적인 최고점을 찾아 헤매지 않고, 일정 수준에 도달하면 '이만하면 괜찮다'라고 만족하는 태도다. 흔히 말할 때 "최고보다 낫다(Better than best)"라고 표현하는 것도 이 개념이 활용된다.

예를 들어 투자할 때 '이 조건만 지키면 투자해도 나쁠 게 없다'라는 기준을 사전에 정하고, 그 기준에 들어맞으면 곧바로 실행하는 것이다. 더 좋은 기회가 있을지 모른다는 마음에 계속 미루다 보면, 끝내는 아무것도 하지 못하는 상황에 빠질 수 있다. 이는 너무 많은 생각 때문에 실행을 못 하는 사람들이 겪는 일이기도 하다.

어쩌면 나중에 '더 좋은 선택지가 있었을지도 몰라' 하고 아쉬울 수 있다. 그러나 이 세상에 절대적으로 완벽한 선택이 과연 존재할까? '충분히 괜찮은' 기준에서 만족할 수 있다는 사실을 받아들이면, 직관과 분석 사이의 균형도 한결 수월해진다.

(3) '작은 성공' 경험 축적하기

무의식적 판단을 '해도 괜찮다'라고 느끼려면, 실제로 그 판단이 위험하지 않다는 점을 직접 체득해야 한다. 그 첫걸음으로 '작고 사소한 선택'을 통해 직감에 귀 기울여 보자. 이를테면 저녁 메뉴를 결정할 때 SNS 맛집 정보를 샅샅이 뒤지기보다, 그냥 순간적으로 '이 음식이 당긴다'라는 직감을 따르는 것이다.

이처럼 결과가 큰 부담을 일으키지 않는 사안부터 시도하면 차츰 실패에 대한 두려움이 덜하다. 또한 생각보다 그렇게 선택해도 '세상이 무너지지 않음'을 경험하다 보면 어느 순간, 중요한 결정에서도 무의식적 판단을 존중할 수 있게 된다.

심리적 안정감은 경험에서 비롯된다. 머릿속으로 '괜찮을 거야' 수십 번 되뇌는 것보다 실제로 '작은 성공'을 거쳐야 비로소 자신감을 얻게 된다. 작은 시도가 반복될수록 성공 가능성이 높다. 그러니 생각이 너무 많아 늘 조심스러운 사람이라면, 먼저 작은 행동을 꾸준히 시도해 보자.

(4) 타인의 관점 활용하기

무언가를 판단해서 결정해야 하는 데 머릿속이 복잡하고 혼란스러웠던 적이 있는가? 이럴 때는 믿을 만한 주변 사람의 의견을 가볍게 들어보자. 친구나 가족, 또는 해당 분야의 전문가가 "나라면 이렇게 결정할 것 같다"라고 제안해 줄 수 있다.

물론 그들의 제안을 그대로 따르라는 말이 아니다. 타인의 의견을 통해 내가 무엇을 우선시하는지 재점검하고, 직관과 논리를 결합하여 결정을 도출하라는 뜻이다. 때로는 타인과의 소통이 오래 지속되던 고민의 매듭을 순식간에 풀기도 한다.

(5) '질문의 틀' 바꾸기

무언가를 결정해야 할 때 '이 선택이 실패하면 어쩌지?', '나중에 후회하는 게 아닐까?' 같은 부정적인 질문은 불안감과 두려움을 더 자극한다. 왜냐하면, 무의식은 스스로에게 던진 질문에 맞춰 정답을 찾으려 애쓰기 때문에 질문이 부정적일수록 그 결론도 '부정적 예감'을 강화한다. 이럴 때는 '질문의 틀' 자체를 바꿔보자.

예를 들면 '이 선택으로 내가 얻는 이점은 무엇일까?', '3년 후에도 이 일로 고민하고 있을까?'라고 질문하는 것이다. 이렇게 긍정적이면서 실질적인 질문을 던지면, 우리의 직관도 한결 유연하고 낙관적인 해석을 시도하게 된다. '질문의 틀'을 바꾸는 것만으로도 큰 변화를 얻을 수 있다. 사소해 보이는 한두 마디 질문으로 생각이 너무 많아서 꼬여 있던 '사고의 문'을 활짝 열어 줄 수 있다.

휴리스틱을 의식적으로 설계하라

무의식을 활용해 해결점을 찾자는 말의 핵심은, 무의식적 판단에 '의식적 장치'를 함께 사용하자는 것이다. 생각이 많은 사람들도 몇 가지 기본 원칙에 따라 꾸준히 연습한다면, 휴리스틱 사고를 자신에게 유익한 도구로 활용할 수 있다.

다음은 그 기본 원칙을 정리한 것이다.

첫째, 목표와 가치를 명확히 하라

내가 이 결정을 통해 이루고 싶은 목표가 무엇인지, 그것이 내 인생에서 얼마나 중요한지를 명확하게 정한다. 그러면 무의식적으로도 그 가치를 지향하며 판단할 수 있다.

둘째, 주요 기준을 소수로 추려라

내가 추구하는 것에 대해 더 많은 정보를 얻으려다가 '분석 마비'에 걸릴 수 있다. 그러니 꼭 필요한 기준만 선정하고, 나머지 요소는 과감히 배제하라.

셋째, 직관적 판단을 검증하라

스스로 판단한 것을 검증하는 질문을 만들어라. '이 결정이 내가 지키려는 핵심 가치에 어긋나지 않는가?', '돌이킬 수 없는 손해가 발생하진 않는가?' 정도의 간단한 질문이면 충분하다. 이를 통과한다면 직관적 결정에 힘을 실어 주는 편이 낫다.

넷째, 결정 후에는 결과를 기록하라

내가 어떤 선택을 했는지, 그때의 감정과 실제 결과가 어떠했는지를 기록한다. 어느 정도 시간이 지나 되돌아봤을 때 '그때 왜 그렇게 고민했을까?' 싶은 경우가 적지 않았음을 발견할 수도 있다. 이는 앞으로 더 빠르고 유연한 선택을 하는 데 든든한 근거가 되어 준다.

이렇게 휴리스틱 사고의 원리를 조금만 조절해 주면, 생각이 많아 결정에 애를 먹었던 이들도 훨씬 편안해질 수 있다. 중요한 것은 무의식과 의식적 장치의 적절한 균형이다. '과잉 단순화'로 인한 실수를 방치하지 않는 선에서 '과잉 분석'으로 인한 마비가 발생하지 않도록 대비해야 한다.

'아무 선택'이나 해도 괜찮은 순간

'어른'의 사전적 정의는 '다 자란 사람', 자기 일에 책임질 수 있는 사람이다. 대개 20살 이상의 사람을 통틀어 '어른'이라고 부르는데, 이른바 어른이 된 순간부터 우리는 일, 결혼, 출산 등 인생에서 가장 중요한 선택을 하게 된다. 그리고 결정의 과정 동안 온갖 기대 속에서 자신의 감정을 억누르며 '괜찮은 어른'으로 살고자 노력도 한다.

언젠가 '인생은 아무 선택이나 해도 괜찮은 순간들로 가득 차 있다'라는 말을 접한 적이 있다. 처음 이 말을 들었을 땐 조금 무책임하게 들렸다. 그러나 가만히 돌이켜 생각해 보니 우리 삶의 상당 부분은 가벼운 선택의 연속이며, 매 순간의 결정이 내 인생을 완전히 뒤바꾸는 게 아닐 때가 더 많다.

정말 중요한 것은 '선택하는 마음의 자세'와 이후 '삶을 살아가는 태도'이다.

온갖 생각과 고민에 빠져 지치도록 분석해 놓고도 최악의 결과를 맞을 수 있고, 대충 직관을 따랐는데도 의외로 좋은 결말을 맛볼 수 있는 것이 인생이다. 이렇듯 예측 불가능한 미래에 균형 잡힌 결정을 내리는 것이야말로 우리가 얻을 수 있는 가장 큰 자산일지 모른다.

그러니 '어차피 다 잘 되거나, 혹은 다 망하진 않을 텐데'라는 가벼운 마음으로 '결정 강박(Decisional Paralysis)'이나 '과잉 분석'도 가볍게 내려놓자. 사소한 결정부터 완벽함을 향한 애달픈 갈증까지 내려놓고 '충분히 괜찮은' 데서 멈추는 시도를 하는 것이다. 그러다 보면 오히려 더 놀라운 선택지와 마주칠 수도 있다.

문득 뒤돌아봤을 때 '내가 그토록 고민했지만, 결국 이렇게 흘러왔네. 그래도 괜찮았구나. 이만하면 잘했다' 하고 미소 지을 수 있다면, 그것이 곧 우리 삶의 소중한 한 장면이라고 믿는다. 그리고 그런 장면들이 모여 인생을 만든다.

'생각이 너무 많아' 지쳐 있는 당신에게 말하고 싶은 건, 휴리스틱 사고는 직관과 간단한 규칙에 기대는 방식이라고 해서 허술하지 않다는 것이다. 오히려 우리 삶의 복잡다단한 순간들을 부드럽게 통과하도록 돕는 '인간답고 실용적인' 지혜이다. 그러니 편향을 경계하되 과감히 달려볼 수 있는 '용기'를 갖자. 그러면 어느새 그동안 스스로 짓눌렀던 무거운 짐이 차츰 가벼워지는 것을 체감할 수 있을 것이다.

* * *

저마다의 인생에 각자 목적이 있지만, 어른으로서 필요한 진정한 삶의 목적은 '온전한 자신'이 되는 것이다. 결국 우리에게 필요한 건 완벽한 선택보다 '온전한 나'로서 완성도 있는 하루를 살아가는 것이다. 우리의 선택과 결정이 완벽해야만, 우리의 삶이 가치 있는 것이 아니란 말이다.

그렇기에 때로는 대략 좋고, 대략 즐거우며, 대략 의미 있는 방향으로 자신을 이끄는 '심리적 지름길'이 소중하다. 당신이 '온전한 자신'을 찾는 여정에 휴리스틱 사고가 당신의 손을 잡고 이끌어 줄 것이다. 삶은 늘 계획대로 흘러가지 않지만, 그 예측 불가능함 속에 숨어 있는 '새로운 기회'가 우리를 기다리고 있을 테니 말이다.

끝으로 이 책을 통해 내가 말하고 싶은 것은, 인간 본성의 '어두움'을 불가피한 한계가 아닌 '성장의 기회'로 해석하는 태도가 훨씬 더 건강하다는 것이다. 그렇게 한

걸음씩 나아가며 성장하는 당신이 되길, 생각이 많아도 괜찮은 사람으로, 그러면서 너무 지치지 않는 사람이 되어가기를 소망한다.

무의식의 신호를 해석하라

우리 삶을 지배하는 건 의식이 아닌 무의식이다. 뇌과학자들에 따르면 인간의 생각과 행동의 95퍼센트는 무의식적으로 일어난다고 한다. 내가 의식적으로 했다고 생각한 것도 사실 무의식이 결정했을 가능성이 높은 것이다. 따라서 내가 원하는 것에 무의식이 집중할 수 있도록 한다면 엄청난 성과를 낼 수도 있다.

무의식이 보내는 숨겨진 신호를 해석하는 7가지 방법을 소개하겠다.

(1) 꿈 일기 작성하기

무의식을 이해하는 기본적이면서 효과적인 방법이다. 꿈에서 '무의식의 상징'이 뚜렷하게 드러난다. 꿈은 빠르게 사라지기 때문에 즉시 기록하는 것이 좋다.

▶ **꿈의 주요 장면, 등장인물, 느낀 감정 등을 적는다.**

처음엔 한두 문장으로 메모하거나, 스마트폰에 음성 녹음을 해도 괜찮다. 짧게라도 기록을 유지하면, 내면에서 반복적으로 나타나는 갈등이나 욕망을 더 빨리 파악할 수 있으며, 자신의 내면세계를 이해하는 데 도움이 된다.

(2) 말도 안 되는 문장 만들기

서로 무관한 단어들을 결합하여 '무의식적 연상력'을 자극하는 방법이다. 가령 '화장실, 모니터, 산책, 펭귄, 미소'처럼 임의의 다섯 단어를 고른 후, 말도 안 되는 상황으로 이어보는 한 줄 문장을 만든다.

▶ **펭귄이 산책 중 화장실 모니터를 보고 미소를 지었다.**

억지로라도 연결하다 보면, 독특한 발상으로 이야기를 풀어낼 수 있다.

(3) 비현실 질문 노트 작성하기

기존 상식을 흔드는 질문을 던져 무의식에 상상을 자극하는 방법이다. 매일 비현실적인 질문 1개를 적는다.

▶ 만약 집이 말하는 로봇이라면?

답변을 쓸 필요는 없다. 억지로 쓰지 않아도 머릿속에서 계속 연상이 일어난다.

(4) 발작 직감 기록하기

사소한 예감은 '무의식의 신호'일 수 있다. 직감적으로 '왠지 불안하다(이상하다)'라는 느낌이 드는 순간을 짧게 기록한다.

▶ 지금 예감이 ○○○…….

나중에 맞았는지 틀렸는지 확인해 보면, 자신의 직감력을 가늠할 수 있다.

(5) 자신의 목소리 녹음하기

목소리는 전달 수단을 넘어 내면 상태를 알 수 있는 중요한 단서다. 기분이 극도로 좋거나 나쁠 때 30초 정도 자신의 목소리를 녹음해서 '나중에 들을 나'에게 남긴다. 무의식이 요동치는 순간의 목소리나 말투, 억양 등의 패턴을 객관적으로 들으면, 자신의 내면 상태가 어떠한지 알 수 있다.

(6) 느낌과 통찰의 음악 선곡하기

머릿속을 비우거나 아이디어가 필요할 때 즐겨 듣는 '음악 플레이리스트'를 만든다. 가사가 없는 뉴에이지나 재즈 음악 5곡 정도가 좋다. 특정 음악이 뇌의 디폴트 모드 네트워크(Default Mode Network)[6]를 활성화해 '무의식적 연상'이 일어날 수 있다.

(7) 무의식 구역 정리하기

집이나 방의 한구석을 '무의식 구역'으로 지정하고 아무 물건이나 대충 쌓아둔다. 일주일에 한 번 이 구역의 물건을 꺼내 보면서 '이건 왜 여기 들어왔을까?'라고 자신에게 묻는다. 물리적 공간을 '무의식 영역'으로 설정

---

6 즉시 처리할 일이 없는 뇌의 상태로, 특별하게 집중하지 않아도 활발히 작동하는 영역이다.

하면, 의도적으로 '무질서➡재정리' 과정을 거치며 자신도 모르는 패턴이나 원하는 것을 찾을 수 있다.

고통 없는 의식은 없다.

사람들은 자신의 영혼에 맞서는

상황을 피하기 위해서라면,

아무리 터무니없는 일이라도 할 것이다.

우리는 빛의 형상을 상상하는 게 아닌

어두움을 의식적으로 만들어서

깨달음을 얻을 수 있다.

_칼 구스타프 융

어른의 기분 관리법 : 심리학편

초판 1쇄 발행 2025년 3월 21일
초판 2쇄 발행 2025년 5월 22일

지은이   손희찬, 박용남
펴낸이   어센딩

편집   권희중
디자인   엄지언, 고광표
마케팅·영업   어센딩
펴낸곳   어센딩
출판등록   제2024-000010호(2024. 2. 13.)
이메일   ascending1992@gmail.com

값   18,000원

ISBN   979-11-987540-6-6 03180